9 Plätze Schätze

Lust auf Österreichs Besonderheiten

ORF-SHOW 2021
»9 Plätze – 9 Schätze«, Dienstag, 26. Oktober 2021, 20.15 Uhr in ORF 2

WEITERE SENDUNGEN
»Heimat großer Töchter und Söhne«, Dienstag, 26. Oktober 2021, 22.40 Uhr in ORF 2
»So schön ist Österreich«, Mittwoch, 27. Oktober 2021, 21.05 Uhr in ORF 2

Für den Inhalt verantwortlich: OLM (ORF Landesstudio Marketing GmbH & Co KG)
Herausgeber: Mag. Dr. Thomas Tröbinger
Konzept und Projektleitung: Mag. Sonja Franzke, vielseitig.co.at
OLM-Projektleitung: Sabrina Schlichtherle, BSc
Umschlag- und grafische Innengestaltung: Silvia Wahrstätter, buchgestaltung.at

ISBN 978 3 99103 007 2

Inhalt

HOMMAGE AN ÖSTERREICH

Nie zuvor in der Geschichte des ORF gab es so viel regionales Programm wie heute: In den vergangenen Jahren haben wir die Sendeplätze für beliebte Inhalte aus allen neun Bundesländern kontinuierlich ausgebaut und neue Formate mit starkem Regionalbezug entwickelt. Kaum eine Sendung bildet die regionale Vielfalt unseres Landes jedoch so idealtypisch ab wie die Erfolgsshow »9 Plätze – 9 Schätze«, die im Jahr 2014 erstmals im Hauptabend etabliert wurde und sich seither großer Beliebtheit erfreut. In bewährter Tradition rücken wir darin die atemberaubende Schönheit unserer Heimat in den Mittelpunkt, die viele Menschen seit der Pandemie mit neuen Augen sehen.

Die zahlreichen Entbehrungen des vergangenen Jahres haben den Blick für das Wesentliche geschärft: Neben körperlicher und seelischer Gesundheit sowie intakten familiären und freundschaftlichen Beziehungen steht eine unversehrte Natur- und Kulturlandschaft ganz weit oben auf der Liste für ein glückliches Leben. Dass Reisen in ferne Länder lange nur eingeschränkt möglich waren, hat uns die Vorzüge unserer unmittelbaren Umgebung umso stärker bewusst gemacht – faszinierende Sehnsuchtsorte, die kennenzulernen äußerst lohnend sind. »9 Plätze – 9 Schätze« ist folglich auch als Hommage an Österreich zu verstehen, das mit einer unvergleichlichen Fülle an landschaftlichen Reizen und kulturellen Traditionen gesegnet ist und damit Einheimische wie Touristen aus aller Welt gleichermaßen in seinen Bann zieht.

Ich lade Sie herzlich ein, unsere wundervolle Heimat gemeinsam mit dem ORF ein Stück weit neu zu erleben! Möge Ihnen dieser Bildband als Inspirationsquelle und literarischer Begleiter auf Ihren Streifzügen durch Österreich dienen!

Ihr

Dr. Alexander Wrabetz
ORF-Generaldirektor

SEHNSUCHT NACH MEHR

Kann man je behaupten, seine Heimat vollständig zu kennen? Selbst wer die beliebtesten Orte unseres Landes schon gesehen hat, kann immer noch viel entdecken. Jede noch so kleine Gemeinde birgt oft faszinierende Plätze, die die Sehnsucht nach Ruhe, nach Erholung wecken, die einladen, einfach einmal die Seele baumeln zu lassen – gerade nach einer kräftezehrenden Periode, wie wir sie in der Pandemie erlebt haben.

Inspiration, wo wir diese Plätze finden, gibt es wieder bei der TV-Sendung »9 Plätze – 9 Schätze«. 2020 war die steirische Strutz-Mühle der schönste Platz Österreichs, davor ging die Auszeichnung an den Lünersee in Vorarlberg, den Schiederweiher bei Hinterstoder in Oberösterreich, den Grünen See im steirischen Tragöß, den Formarinsee und die Rote Wand in Vorarlberg, das Kaisertal in Tirol und den Körbersee in Vorarlberg.

Bei der heuer achten Ausgabe der großen TV-Show, einer gemeinsamen Sendung der ORF-Landesstudios in Kooperation mit der Fernseh-Unterhaltung, gehen am Nationalfeiertag die neun Landessieger ins Rennen. Die ORF-Landesstudios stellen davor die drei Favoriten ihres Bundeslandes mit beeindruckenden Aufnahmen und wissenswerten Details vor. So kann das Publikum einen Landessieger wählen und gleichzeitig versteckte Kostbarkeiten kennenlernen. Wenn am 26. Oktober Publikum und Prominenten-Jury den schönsten Platz Österreichs küren, ist jedes Jahr eine Million Zuseherinnen und Zuseher dabei.

Begleitend zur Sendung finden Sie hier alle 27 aktuellen Bundesländer-Favoriten und die Landessieger aus dem Jahr 2020. Tauchen Sie ein in die Schönheit dieser besonderen Orte und lassen Sie sich von faszinierenden Bildern und viel Hintergrundwissen zur nächsten Entdeckungstour in der Heimat animieren!

Karin Bernhard Landesdirektorin ORF Kärnten
Prof. Norbert Gollinger Landesdirektor
ORF Niederösterreich
Mag. Werner Herics Landesdirektor
ORF Burgenland
Markus Klement Landesdirektor ORF Vorarlberg
Gerhard Koch Landesdirektor ORF Steiermark
Mag. Kurt Rammerstorfer Landesdirektor
ORF Oberösterreich
Christoph Takacs Landesdirektor ORF Salzburg
Robert Unterweger Landesdirektor ORF Tirol
Dr. Brigitte Wolf Landesdirektorin ORF Wien

»Erstaunlich, welch Vielfalt in ein so kleines Land passt. Unendliche Weiten da, sanfte Hügel dort. Seen hüben, Schlösser drüben. Erstaunlich und liebenswert!«

Martin Ganster

»Ein altes burgenländisches Sprichwort sagt: ›Es gibt nichts, was nicht drei Tage Zeit hat!‹ Nach diesem Motto leb ich jetzt. Und außerdem: Ich bin gekommen, um zu bleiben!«

Martin Weinek

SCHLOSS HALBTURN

Barockjuwel des Burgenlandes

»Ein Haus aus Licht und Schatten«, das wünschte sich der österreichische Kaiser Karl VI. als Jagdschloss. Architekt Johann Lucas von Hildebrandt schuf auftragsgemäß eine lichtdurchflutete, moderne Sommerresidenz. Das bis 1711 – damals noch auf ungarischem Gebiet – errichtete Schloss Halbturn ist heute der bedeutendste Barockbau des Burgenlandes.

Halbturn war schon im 18. Jahrhundert, zur Zeit Kaiser Karls VI., von Wien aus leicht zu erreichen. Die pannonischen Jagdgründe gehörten zu den liebsten Aufenthaltsorten des Monarchen. Auch seine Tochter, die spätere Kaiserin Maria Theresia, liebte das Schloss und die Gegend. Für sie war es quasi der Zweitwohnsitz im Burgenland. Noch heute ist das Anwesen im Besitz der Nachfahren der Habsburger-Dynastie. Markus Königsegg-Aulendorf und seine Frau Philippa, geborene Waldburg-Zell-Hohenems, leiten die Geschicke von Schloss Halbturn.

Im Laufe der Jahrhunderte stand das Schloss – im übertragenen Sinn – nicht nur im Licht, sondern häufig auch im Schatten. Mehrfach brannte es lichterloh, zuletzt im Jahre 1949. Damals ging das Hauptschloss in Flammen auf. Wie durch ein Wunder wurde das einstige Wohnzimmer Maria Theresias, der Maulpertsch-Saal, vom Brand verschont. Das berühmte Deckenfresko von Franz Anton Maulpertsch, eine Allegorie der Zeit und des Lichts, blieb erhalten. Kaiserin Maria Theresia hatte es 1765 als Hochzeitsgeschenk für ihre Tochter Erzherzogin Maria Christina und deren Bräutigam Albert Kasimir von Sachsen-Teschen anfertigen lassen.

Nach dem Zweiten Weltkrieg und dem verheerenden Feuer war das einst so prächtige Schloss eine einzige Ruine. Die Erben des Anwesens, Paul und Marietheres Waldbott-Bassenheim, standen Ende der 1950er-Jahre gleichsam vor einem Trümmerhaufen. Der Wiederaufbau gelang nur mit finanzieller Unterstützung durch das Land Burgenland und das österreichische Bundesdenkmalamt.

Wo Kunst und Kultur residieren

Heute ist das in neuem Glanz strahlende Barockschloss ein Haus der Kultur. Alljährlich finden in den Räumlichkeiten des Haupttrakts Ausstellungen statt. 2021 war die große Jahresschau dem schönen Themenkreis Speis und Trank gewidmet. »Bei Genießern zu Gast« führte in die Welt der leiblichen Genüsse. Einen Fixpunkt im sommerlichen Kulturgeschehen bilden auch die Halbturner Schlosskonzerte. Bereits seit den 1970er-Jahren konzertieren hier internationale Musikgrößen, das Programm reicht von Klassik bis Jazz, vom Lied über Kammermusik bis hin zum Orchesterkonzert.

Als wahre Künstler erwiesen sich auch die Planer des Schlossparks. Zunächst war es dem Architekten des Hauses, Johann Lucas von Hildebrandt, vorbehalten, einen Barockgarten anzulegen. Davon ist nur noch wenig im »Broderieparterre« vor der Südfassade des Schlosses erhalten. So, wie der Park sich heute in großen Teilen zeigt, wurde er um das Jahr 1900 unter Erzherzog Friedrich nach englischem Vorbild errichtet. Maßgeblich an der Gestaltung beteiligt war der seinerzeitige Gartendirektor von Schloss Schönbrunn, Anton Umlauf. Der Park gehört heute zu den gartenarchitektonischen Denkmälern Österreichs. Zudem ist er die einzige Parkanlage im nordöstlichen Burgenland.

Der von mächtigen Kastanienbäumen dominierte Schlosspark ist ein Refugium für Ruhe- und Erholungsuchende und ganzjährig geöffnet. Eine Besonderheit macht ihn zusätzlich reizvoll: Immer wieder trifft der Besucher auf Skulpturen moderner Kunst.

Beeindruckend sind Bau und Anlage des Barockjuwels.

Im Frühjahr beeindruckt die Blütenpracht, im Sommer bietet der Park herrliche Schattenplätze.

Maria Theresia im Weingarten

In Halbturn wird nicht zuletzt Weinkultur großgeschrieben. Zum Schloss gehört unter anderem der Schlossweingarten Wittmannshof. Mit 42 Hektar Fläche ist er die größte zusammenhängende Weingartenanlage Österreichs in Privatbesitz. Hier werden hauptsächlich die Rebsorten Pinot Noir, Blaufränkisch, St. Laurent, Zweigelt und Merlot kultiviert.

Weingärten umgaben das Schloss schon zu Maria Theresias Zeiten. Einmal soll sich folgende Anekdote zugetragen haben: Die damalige Thronfolgerin streifte mit ihrem Ehemann durch die Weingärten, selbstverständlich inkognito. Als sie beim Stibitzen von Trauben ertappt wurden, sollten sie dem Wächter Strafe zahlen. Da sie aber kein Geld dabei hatten, steckte der Wächter die beiden Hoheiten kurzerhand in den Speckkeller. Wie die Sache schließlich aufgeklärt wurde, ist nicht überliefert. Allerdings dürfte Maria Theresia nicht nachtragend gewesen sein, denn man habe im Anschluss, so heißt es, ein gemeinsames Weinfest gefeiert.

So finden Sie zum Schatz

Kontakt: Schloss Halbturn Parkstraße 4, 7131 Halbturn Te. 02172 8594 www.schlosshalbturn.com
Anreise: Auto: A4 Richtung Budapest, Ausfahrt Mönchhof, rechts Richtung Mönchhofer Landstraße L303, im Kreisverkehr dritte Ausfahrt (Halbturnerstraße/L211) nehmen, nach ca. 2,3 km links abbiegen auf Halbturn-Kaiserberg, nach ca. 300 m rechts zum Schloss abbiegen
Öffentlich: Mit der Bahn bis Neusiedl am See, Bus 292 bis Halbturn, 5 Minuten Fußweg zum Schloss

WILLERSDORFER SCHLUCHT

Wildromantisches Augebiet im Dreiländereck

Wer beim Wort »Schlucht« an steil aufragende Felswände und tosende Gebirgs-
bäche denkt, den wird die Willersdorfer Schlucht überraschen. Eingebettet
zwischen dicht bewaldeten Hängen, plätschert der Willersbach sanft durch eine
malerische, üppig wuchernde Aulandschaft.

Der Willersbach entspringt im Grenzgebiet von
Niederösterreich, Burgenland und der Steier-
mark. Nahe dem Dreiländerstein, der jenen
Punkt markiert, an dem die drei Bundesländer
zusammenkommen, beginnt die sogenannte
Schlucht. Sie erstreckt sich gut fünf Kilo-
meter lang bis zur Ortschaft Willersdorf in der
Gemeinde Oberschützen. Etwa auf halber Stre-
cke zweigt ein kurzes Seitental nach Aschau ab.
Die Bewohner dieser Ortschaft haben für die
Willersdorfer Schlucht einen eigenen Namen
gewählt: die Aschauer Au.

Symphonie in Grün

Die gesamte Schlucht kann bequem zu Fuß
erkundet werden. Dabei wird der Willersbach
mehrfach überquert. Auf idyllischen Holzbrücken legt man gern eine kurze Rast ein, um
den Moment zu genießen und den Bach in seinem überwucherten Bett zu bewundern. Dem
Betrachter eröffnet sich eine Symphonie aus
Grüntönen. Die Vielfalt der Pflanzen in diesem
Augebiet ist für die Region einzigartig. Woher
kommt das?
Die Willersdorfer Schlucht ist in biologischer
und geologisch-geografischer Hinsicht eine
Besonderheit. Als burgenländischer Ausläufer

Ein einzigartiges Naturerlebnis im Südburgenland.

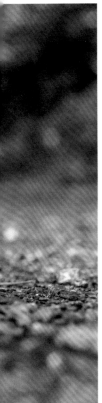

des Wechselmassivs hat sie Anteil an den Zentralalpen. Das erklärt auch, warum sich hier, im äußersten Osten Österreichs, am Rande der pannonischen Tiefebene, alpine und montane Vertreter von Flora und Fauna finden – Pflanzen und Tiere, die ansonsten eher im Gebirge anzutreffen sind.

Im Frühjahr blühen im Auwald unter anderem Wald-Gelbstern, Finger-Lerchensporn und Sumpfdotterblume. Die angrenzenden Wiesen sind übersät mit Alpen-Krokus und Frühlingsknotenblumen. Entlang des Baches wächst Straußenfarn und auch die Österreich-Gamswurz. Oberhalb der Schlucht sind die Waldböden dicht mit einer kleinen Strauchpflanze bewachsen, die vor allem Naschkatzen und Beerensammler anlockt. Jedes Jahr im Frühsommer reifen hier Heidelbeeren in Hülle und Fülle.

Auch die Tierwelt ist mit einigen bemerkenswerten Arten im Gebiet der Willersdorfer Schlucht vertreten. So horstet hier immer wieder der scheue Schwarzstorch und es sind Schmetterlinge wie der Schwarze Apollo, der Aurorafalter und der Große Schillerfalter hier beheimatet. Für interessierte Naturliebhaber stehen entlang des Wanderpfades kleine Holzpulte mit Informationen über die außergewöhnliche Tier- und Pflanzenpopulation in der Schlucht.

Einst ein Mühlbach

Früher einmal, so wird berichtet, war der Willersbach ein bedeutender Handelsweg von Nord nach Süd und ein vielfach genutzter Mühlbach. Bis zu sieben Mühlen dürften in den vergangenen Jahrhunderten hier geklappert haben. Heute ist davon nur mehr wenig zu sehen, etwa von der um das Jahr 1820 errichteten »Patrizlmühle«. Ein gewisser Patrizius Kader soll hier das Getreide der Bauern aus den umliegenden Gemeinden gemahlen haben. Der Willersbach wurde damals für diese Bauernmühle teilweise umgeleitet. In den Mauerresten ist heute noch die Öffnung für die Befestigung des oberschlächtigen Mühlenrades zu sehen. Die von einem dichten Brennnessel-Wall umgebene Ruine ist heute nicht mehr »mahlerisch«, dafür aber ausgesprochen malerisch.

So finden Sie zum Schatz

Kontakt: Gemeinde Oberschützen
Hauptplatz 1
7432 Oberschützen
Tel. 03353 7524
www.oberschuetzen.at

Anreise: Auto: A2, Abfahrt Pinkafeld, Richtung Oberschützen, Willersdorfer Straße bis Willersdorf
Öffentlich: Ab Wien: Karlsplatz Bus G1 bis Oberwart, Umstieg auf Bus 7920 bis Oberschützen, Willersdorfer Straße

Der sagenumwobene Schloss-Hansl

Hoch über der Schlucht erhebt sich ein eigenwilliger Hügel: eine Art Kegel, der bei genauerer Betrachtung Reste gemauerter Ziegel zeigt. Hier stand einst eine Burg, erbaut im Jahr 1279 unter Johann I. von Güns. Er war einer der mächtigsten Magnaten des ungarischen Königreiches. Seine Herrschaft umfasste das heutige Burgenland und große Gebiete in Ungarn, Slowenien und der Slowakei. Herzog Albrecht I. von Österreich soll damals der aggressiven Expansionslust des Ungarn entschieden entgegengetreten sein. 1289 wurde Johanns Burg zu Willersdorf im Zuge der Güssinger Fehde zerstört.

Rund um jenen Johann von Güns, den »Schloss-Hansl«, entstanden in den Jahrhunderten darauf vielerlei Mythen. So soll die Burg seinerzeit nicht nur als Verteidigungsanlage gedient haben, von ihr aus seien auch zahlreiche Raubzüge in das nahegelegene Herzogtum Österreich ausgegangen sein. Und Raubritter »Schloss-Hansl« soll, so will es die Sage, im Willersbach das geraubte Gold gewaschen haben.

ROSARIUM BAD SAUERBRUNN

Bezaubernder Rosengarten im historischen Kurpark

Es soll Kurgäste geben, die den Termin ihres Aufenthalts im bekannten burgenländischen Erholungsort Bad Sauerbrunn nach der Rosenblüte richten. Jedes Jahr im Frühsommer hüllen 1.600 Rosen in 300 farbenprächtigen Sorten die Parkanlage in eine betörende Duftwolke.

Dieser Rosengarten war der Traum und ist das Werk einer Gruppe von Rosenliebhabern, die sich im Jahr 2003 zusammenfand, um dem ehrwürdigen Kurpark von Bad Sauerbrunn eine besondere Note, quasi eine besondere Duftnote zu verleihen. Ein vernachlässigter Teil des Parks sollte wiederbelebt und zum ersten burgenländischen Rosarium werden. Also wurde der Verein »Rosarium Bad Sauerbrunn« gegründet. In unzähligen freiwilligen Arbeitsstunden und tatkräftig unterstützt von der Bad Sauerbrunner Bevölkerung entstand auf rund 4.000 Quadratmetern ein Rosenparadies. Um die Pflege des Rosariums kümmert sich der Verein unter Obfrau Elfi Hofböck

gemeinsam mit den Gemeindearbeitern von Bad Sauerbrunn.

Bühne der Rose

Das Rosarium ist als »Duft- und Farbentheater« konzipiert. Hauptdarstellerin auf allen Bühnen, in allen Akten, ist die Rose. Im »Hauptparterre« etwa, in dessen Mittelpunkt ein Rosenbrunnen steht, geht es um die Psychologie der Farben. Die in einer Rosette gepflanzten Teehybrid-, Floribunda- und Edelrosen bilden eine Farbenwelle. Sie soll beim Betrachter besonders angenehme Gefühle auslösen.

In der »Historischen Galerie« wird der Geschichte der Rose als Zierpflanze nachgegangen. Die

Gartenrose stammt teilweise von der europäischen Wildrose ab. Ihre Wurzeln sind aber auch in Asien zu finden. In China gab es, wie auch im antiken Rom und Ägypten, bereits um 500 v. Chr. Literatur zum Thema »Rose«. Auf einem Lehrpfad durch die »Historische Galerie« im Rosarium von Bad Sauerbrunn kann man deshalb als Beispiele für Rosen asiatischer Herkunft Rosa chinensis, Rosa chinensis semperflorens 1792 und Parsons's Pink China 1789 kennenlernen.

Eine äußerst zeitgemäße Präsentation für die »Königin der Blumen« ist der »Duftrosenweg« für sehbehinderte Menschen. Entlang eines barrierefreien, mit Leitgeländer ausgestatteten Pfades sind unterschiedliche, besonders stark duftende Rosenstöcke gepflanzt. Jede Rose ist mit einer kleinen Tafel versehen, die Informationen in Brailleschrift bereithält.

Auch den Ehrenbürgern des Kurortes ist ein Bereich des Rosariums gewidmet. Persönlichkeiten, die sich um das Wohlergehen von Bad Sauerbrunn verdient gemacht haben, wurden in der »Ehrengalerie« mit einer Rose bedacht. Einer dieser Ehrenbürger ist Toni Stricker. Der berühmte, 1930 in Wien geborene Geiger und Komponist zog mit seiner Familie vor knapp einem halben Jahrhundert in den burgenländischen Kurort.

Die Entstehung des Kurorts

Bad Sauerbrunn liegt im Naturpark Rosalia-Koglberg. Hoch über der Kurgemeinde lädt eine außergewöhnliche Aussichtswarte zum Rundblick. Eine Treppe mit 133 Stufen windet sich um einen 28 Meter hohen Baumstamm. Der Aufstieg lohnt! Oben auf der Plattform eröffnet sich ein beeindruckender Blick über das Rosaliengebirge bis hin zum Neusiedler See, bei klarem Wetter sogar bis nach Sopron in Ungarn und nach Bratislava in der Slowakei. Weit über die Grenzen berühmt ist Bad Sauerbrunn für sein natürliches Heilwasservorkommen. Die Gemeindequelle, der »Säuerling«, kann mit dem höchsten Magnesiumgehalt Österreichs aufwarten. Anno 1800 ließ Fürst Nikolaus Esterházy dieses Wasser untersuchen, die Quelle fassen und überdachen. Bald darauf öffneten erste Gasthäuser und Badeanstalten,

Ein Spaziergang durch das Rosarium ist ein anregendes Erlebnis für Auge und Nase.

später ein Sanatorium. Der Bau der Ödenburger Bahnlinie von 1845 bis 1847 von Wien nach Ödenburg brachte dem Ort wirtschaftlichen Aufschwung. Bis zur Mitte des 19. Jahrhunderts genoss Sauerbrunn bereits überregional einen guten Ruf als Kurbad. Nach und nach entwickelte sich die Ortschaft zur beliebten Sommerresidenz der Wiener und Budapester Gesellschaft. Vor allem das jüdische Bürgertum ließ sich gern in Sauerbrunn nieder. Zahlreiche noble Villen zeugen noch heute von dieser mondänen Blütezeit der Kurgemeinde. Sie prägen nach wie vor das Ortsbild. Im Jahr 1901 wurde Sauerbrunn der offizielle Titel Kurbad verliehen, auch der Kurpark – eine rund 25.000 Quadratmeter große, schattige Parkanlage – entstand etwa zu dieser Zeit.

Rosenlaubengang der Liebe

Das im Sonnenlicht strahlende Rosarium ist heute im wahrsten Sinne des Wortes das Highlight des Kurparks, ein sinnliches Vergnügen für Kurgäste, Touristen und Einheimische. Letztere nützen den romantischen Rosengarten häufig für einen speziellen Anlass: Vor allem im Frühsommer, zur Hochblüte im Rosarium, werden hier viele »Ja-Worte« gesprochen. Der Ort könnte passender nicht sein: Die Rose ist schon in der griechischen Mythologie Aphrodite, der Göttin der Liebe, geweiht.

So finden Sie zum Schatz

Kontakt: Tourismus Bad Sauerbrunn
Wr. Neustädter Straße 2
7202 Bad Sauerbrunn
Tel. 02625 322036
www.tourismus-badsauerbrunn.at
Anreise: Auto: A2, Abfahrt Eisenstadt/Mattersburg, dann S4 Richtung Eisenstadt/Mattersburg bis Ausfahrt Bad Sauerbrunn
Öffentlich: Mit der Bahn bis Wr. Neustadt Hbf., dort umsteigen in Richtung Mattersburg/Sopron bis Bad Sauerbrunn

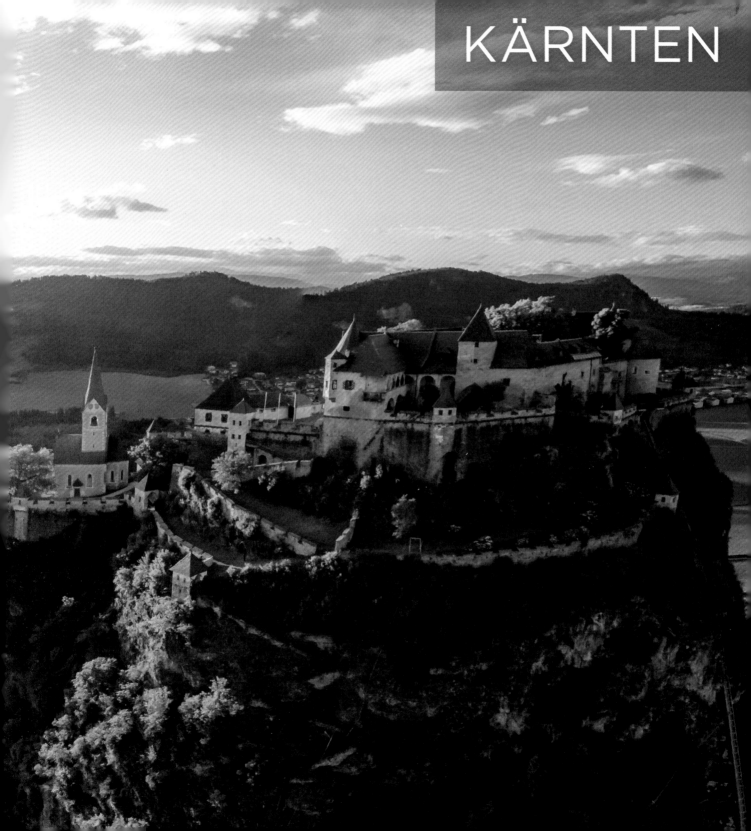

KÄRNTEN

»Kärnten ist Sehnsuchtsort,
Kraftplatz und zugleich Ruhepol.
Kurzum: ein traumhaftes
Bundesland zum Leben. Was für
ein Glück, hier daheim zu sein!«
Bernd Radler

»Kärnten, speziell das Lesachtal,
ist meine Heimat und mein
absoluter Kraftort. Wenn ich Zeit
habe, bin ich meist am Wörthersee
oder am Wolayer See.«
Melissa Naschenweng

KLEINODE AM WÖRTHERSEE

Die Badewanne Kärntens überrascht mit Wildnis

»Riviera der Alpen« oder die »Südsee Österreichs« – die Zuschreibungen für den Wörthersee sind vielfältig. Denn das karibisch anmutende Türkis des Sees im Kontrast zu hellem Bodengrund zieht viele in seinen Bann. Die Leichtigkeit des Seins scheint nirgendwo so gelebt zu werden wie hier in Kärnten. Dennoch hat sich unberührte Natur erhalten.

Mit etwa 19 Quadratkilometer Fläche ist der Wörthersee der mit Abstand größte See in Kärnten. Er ist zwischen Velden und Klagenfurt fast 17 Kilometer lang. Trotz seiner Größe zählt der Wörthersee zu den wärmsten Badeseen der Alpen. Wenig Wind und wenig Durchfluss treiben die Badetemperaturen nicht selten weit über 25 Grad. Das macht den Wörthersee zum Tourismus-Magneten. Nicht nur am Ufer tummeln sich Urlauber und Einheimische gleichermaßen, sondern auch auf dem Wasser. Das Land Kärnten hat 853 Bootslizenzen vergeben, dazu kommen Linienschifffahrt und Wassersportler. Trotz großer Frequenz konnten sich

wahre Naturschönheiten erhalten: die Kleinode am Wörthersee. Der aufkeimende Trend der SUP-Boards – aufblasbare Surfbretter mit Langpaddeln – macht die Gebiete schonend entdeckbar, von Land aus sind sie schwer bis gar nicht zu erreichen.

Lendspitz-Maiernigg

Eines dieser Naturparadiese hat sich unweit der Landeshauptstadt Klagenfurt erhalten. In der Wörthersee-Ostbucht erstreckt sich das etwa 77 Hektar große Natura-2000-Europaschutzgebiet. In diesem Naturjuwel präsentieren sich die für den Wörthersee so typischen Farben wie auf einer paradiesischen Palette. Ausschlaggebend dafür sind feinste Kalkpartikel im Wasser, die gemeinsam mit Schwebealgen den See türkis schimmern lassen. In den Uferregionen tun Seekreidebänke ihr Übriges für das Südsee-Feeling im Schatten der Karawanken. Das Naturjuwel Lendspitz-Maiernigg ist zudem ein wichtiger Lebensraum. Vor allem Vögel fühlen sich hier pudelwohl, zum Großteil sind es Zugvögel, die hier Rast machen. Mehr als 160 verschiedene Arten wurden in den vergangenen Jahrzehnten nachgewiesen, darunter sehr seltene wie Mariskensänger, Watvögel oder Möwen. Einzigartig sind auch verschiedene Muscheln. Ihr Bestand geht aber dramatisch zurück, vermutlich weil die Trinkwasserqualität des Sees für die Tiere zu gut ist.

Walterskirchen

Etwas weiter westlich, zwischen Krumpendorf und Pörtschach, liegt die Halbinsel Walterskirchen. Das etwa 25 Hektar große Gebiet ist zwar in Privatbesitz, aber dennoch ein Naturschutz- und Natura-2000-Europaschutzgebiet. Die Sandbänke, Halbinseln und Schilfbereiche am mehr als einen Kilometer langen, naturbelassenen Seeufer lassen die Besucher in so manchen Südsee-Traum versinken. Eine behelfsmäßig aus Holz zusammengezimmerte Insel erinnert an Robinson Crusoe und wird gerne als Picknickplatz angefahren. Auch die Tierwelt mutet exotisch an: Hier ist eines der Hauptvorkommen der Würfelnatter. Sie steht auf der roten Liste der gefährdeten Reptilien. Die ungiftige und für den Menschen harmlose Wasserschlange kommt im Wörthersee in Österreich am häufigsten vor. Sie beißt laut Experten nie, sondern wehrt Angreifer mit Stinkdrüsen ab. Vor allem Schilfzonen sind Lebensraum dieser Schlange, die sich vorwiegend von Fischen ernährt.

Kapuzinerinsel

»Hier ist es allerliebst, See, Wald, darüber blauer Bergebogen [...]. Der Wörthersee ist ein jungfräulicher Boden, da fliegen die Melodien, dass

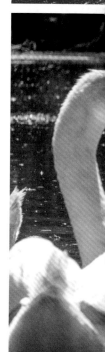

Sommersehnsucht pur: links die Kapuzinerinsel, rechts die Pörtschacher Blumeninsel, wegen ihrer Form auch Schlangeninsel genannt.

man sich hüten muss, keine zu treten.« Zu dieser Lobeshymne ließ sich der Komponist Johannes Brahms 1877 hinreißen, als er das erste Mal an den Wörthersee kam. Damals entdeckte er wohl auch das Eiland im See, die Kapuzinerinsel. Sie liegt auf schräger Linie zwischen Pörtschach und Maria Wörth und ist die mittlerweile letzte Insel im See, die ausschließlich über das Wasser erreichbar ist. Ihr Name stammt von den Kapuziner-Patern, die die Insel bis etwa 1800 einige Wochen oder auch Monate pro Jahr als meditative Einsiedler bewohnten. Gewissermaßen ist die Kapuzinerinsel auch Patronin des gesamten Sees, denn der Name Wörthersee leitet sich vom althochdeutschen Werdersee ab, was Inselsee bedeutet. Die Kapuzinerinsel wurde 1966 zum Naturdenkmal erklärt, sie ist Brutstätte vieler Vögel und vor allem wegen ihres Schilfgürtels besonders wertvoll.

Gletscher-Geschichte

Der Wörthersee entstand einst durch Ausschürfungen von Gletschern. Im Jahr 1920 veranlasste das den Historiker August Jaksch zu einer Beschreibung des Sees von bleibender Gültigkeit: »Wörthersee, dieses köstliche Geschenk der Eiszeit«. Dem ist nichts hinzuzufügen.

So finden Sie zum Schatz

Kontakt: Wörthersee Tourismus
Villacher Straße 19
9220 Velden
Tel. 04274 38288
www.woerthersee.com
Anreise: Auto: A2, Abfahrten direkt zum Wörthersee: Velden, Pörtschach, Krumpendorf, Klagenfurt-West
Öffentlich: Schnellzugbahnhöfe am Wörthersee: Velden, Pörtschach, Krumpendorf, Klagenfurt, weiter mit regionalen Bussen oder kurzer Fußweg

BLUMENBERG MUSSEN

Duft und Farben machen den Gebirgsstock einzigartig

»So könnte ich mir als Mensch, der durch die Himmelspforte tritt, das Paradies vorstellen.« Mit diesem Zitat des Kärntner Biologen Helmut Zwander ist schon vieles gesagt über die Mussen, DEN Kärntner Blumenberg. Er ist ein Paradies der seltenen Pflanzenvielfalt. Duft und Blütenpracht ziehen zudem überdurchschnittlich viele Insekten an.

Westlich von Kötschach-Mauthen, am Eingang zum Lesachtal, erstreckt sich das weitläufige Almgebiet bis hin zu den Lienzer Dolomiten. Woher der Name Mussen kommt, ist nicht überliefert. Möglicherweise wird er vom friulanischen »Musi« abgeleitet, einem Begriff für durchfeuchtete Wiesen. Andere Quellen gehen davon aus, dass der Name vom slowenischen »muza« kommt. Übersetzt bedeutet das Rüssel und ließe einen Rückschluss auf die vielen Insekten am Berg zu, die damit Nektar saugen. Die Mussen ist in erster Linie ein Blumenberg. Jedes Jahr Ende Juni bis Anfang Juli verwandelt sich der Gebirgsstock in ein Meer aus Blüten,

abhängig von der Intensität des Winters und der Witterung im Frühling. In der Hochblütezeit kommen auf der Mussen nicht nur Botaniker ins Schwärmen. Das spezielle Klima, die sonnige Lage, der Boden, viel Niederschlag, wenig Wasser am Berg und die Nähe zu Italien sind laut Experten dafür verantwortlich, dass in etwa 1.400 bis 2.000 Meter Seehöhe eine für den Alpenraum einzigartige Pflanzenvielfalt zu finden ist. Botaniker Helmut Zwander hat selbst mehr als 500 Pflanzen erfasst und beschrieben. Die Paradieslilie sticht dabei als die »Königin der Mussen« hervor. Ihre weißen Kelche in Vollblüte, im Kontrast zu einem strahlend blauen

Die Blumenvielfalt eröffnet ungewöhnliche Eindrücke an Farben und Gerüchen.

Himmel, zählen zu den ganz besonderen Mussen-Erlebnissen. Die zarte, weiße Pflanze ist das botanische Aushängeschild der Almwiesen und kommt in Österreich nur hier vor, wenngleich ihr die Nelken, Orchideen und Astern in Sachen Schönheit um nichts nachstehen. Ein Streifzug durch die weitläufige Bergwiesenlandschaft, die sich auf mehr als vier Quadratkilometern erstreckt, wirkt nahezu paradiesisch. Aus gutem Grund steht das Gebiet seit 1978 unter Naturschutz.

Die Besonderheit liegt im Ursprung

Die einzigartige Pflanzenvielfalt wurde erst durch gezielte Eingriffe in die Natur möglich. Einst wuchsen am Gebirgsstock bis hinauf zu den Gipfeln Fichten und Lärchen. Vor Hunderten Jahren entschlossen sich die Bauern, Platz zu machen für weitläufige Wiesen. Erst die jährliche Mahd habe zu einer derartigen Vielfalt an Pflanzen geführt, sind sich Botaniker sicher. Die sogenannten Mussenbauern etablierten aber eine ganz eigene Form der Bewirtschaftung. Es wird nie das gesamte Gebiet gleichzeitig gemäht, sondern jedes Jahr abwechselnd etwa die Hälfte der Bergwiesen, damit sich Samen verbreiten können, um die Vielfalt zu erhalten. Solche Gebiete nennt man Bergmähderwiesen. Leider gibt es sie immer seltener, denn die Mahd ist aufwändig und mühsam. Auf der Mussen beginnt sie meist Mitte Juli. Durch die Rodung der Wälder wurde auch der Wasserhaushalt im Boden herabgesetzt, was dazu führte, dass sich spezielle Pflanzengesellschaften entwickeln konnten. Die Mussen ist ein besonders trockener Berg, die einzige größere Quelle liegt schwer zugänglich auf der Nordseite des Gebirgsstocks. Deshalb war es auch nie möglich, Vieh auf die Alm aufzutreiben – ein weiterer Pluspunkt für die Blumenvielfalt.

Es summt und brummt

Die Mussen ist auch wegen ihrer Insektenvielfalt ein besonderer Fleck. Hoch über dem Lesachtal wurden bei wissenschaftlichen Untersuchungen mehr als 1.000 Tierarten dokumentiert, darunter allein 670 verschiedene

So finden Sie zum Schatz

Kontakt: Tourismusbüro Kötschach-Mauthen Kötschach 390, Rathaus 9640 Kötschach-Mauthen Tel. 04715 8516 www.koemau.com
Anreise: Auto: A2, Abfahrt Hermagor, B111 oder B110 nach Kötschach-Mauthen, dann Richtung Kreuth bis zur Ödenhütte
Öffentlich: Anreise nach Kötschach-Mauthen mit Bus oder Bahn möglich.

Schmetterlinge, die großteils nachtaktiv sind. Ein Kleinschmetterling wurde hier 1999 vom Kärntner Zoologen Christian Wieser weltweit erstmals entdeckt. Deshalb trägt das Insekt seinen Namen: »Elachista wieseriella«. Die Vielfalt erklären sich Insektenforscher damit, dass die Tiere mit ihren unterschiedlichen Rüsseln auf ganz spezielle Pflanzen angewiesen sind. Somit schließt sich wieder der Kreis am Berg der Vielfalt, der Mussen.

Aufstieg: Von der Ödenhütte rechts über einen Forstweg durch Bergwald bis zur Röten. Weiter durch Wald bis zu einer Heuhütte, danach erstreckt sich das Almwiesengebiet Mussen. Gehzeit gesamt etwa drei Stunden. Zugang auch über St. Jakob (Lesachtal) möglich. Getränke und Jause für unterwegs mitnehmen, keine bewirtschafteten Hütten auf der Mussen.

FLÖSSER AN DER DRAU

Auf Kärntens Hauptfluss wird Geschichte erlebbar

»Wo durch der Matten herrlich Grün des Draustroms rasche Fluten ziehen«, heißt es am Beginn der zweiten Strophe im Kärntner Heimatlied, der offiziellen Landeshymne. Das zeigt schon die Bedeutung des Flusses als Lebensader durch das gesamte Bundesland.

Die Drau ist der längste Fluss in Kärnten. 264 Kilometer lang bahnt sie sich ihren Weg durch das Land, von West nach Ost. In Oberkärnten erreicht das Gewässer von Osttirol kommend im Gemeindegebiet von Oberdrauburg Kärntner Boden. Dem Drautal dort gibt der Fluss gleich seinen Namen und fließt weiter in Richtung Villach, durch das Rosental und das Jauntal. Oft als die »Grande Dame« der Kärntner Flüsse bezeichnet, rinnt die Drau zuletzt durch Lavamünd. Nirgendwo sonst ist Kärnten derart konzentriert zu spüren wie in diesem Grenzort, der mit einer Seehöhe von 348 Metern über der Adria auch der tiefste Punkt Kärntens ist. Denn die Drau entwässert das gesamte Bundesland.

Das bedeutet, dass beinahe alle Flüsse des Landes früher oder später in die Drau münden. Große Namen wie Möll, Gail oder Gurk vereinen sich darin. Schließlich muss all das Wasser durch Lavamünd, das oft als der »Badewannenstoppel Kärntens« bezeichnet wird, bevor es dann weiter geht nach Slowenien auf der Reise in die Donau und weiter ins Schwarze Meer.

Europaschutzgebiet

Die Lavant ist der letzte Kärntner Fluss, der im Gemeindegebiet von Lavamünd in die Drau fließt. Dieser Abschnitt wurde als Europaschutzgebiet »Untere Lavant« ausgewiesen. Die Natur dort ist keineswegs mehr unberührt, denn der Flussabschnitt liegt zwischen zwei Kraftwerken. Naturschützer sprechen von Einschränkungen des Wasserkörpers durch energiewirtschaftliche Nutzung. Dennoch: Dieser kleine Abschnitt der Drau beherbergt einige sehr seltene Fischarten, darunter Frauennerfling, Hundsbarbe, Streber und Weißflossengründling. In den vergangenen Jahren freuen sich Beobachter auch über Fischotter und Biber, die auf den letzten Metern Drauufer auf österreichischem Boden eine Heimat gefunden haben. Mit etwas Geduld erspäht man an den Steilufern im Gebiet einen Eisvogel, der sich hier erfahrungsgemäß seine Brutplätze sucht. Im Bereich der Lavantmündung hat auch die sehr seltene Würfelnatter eine Heimat. Außerhalb der Brutzeit sind die Stauräume der Drau für die Tierwelt wichtige Rast- oder gar Überwinterungsgebiete. Vogelkundler sind begeistert von Gänsesäger und Schellenten. Ausgedehnte Auwälder, wie sie Vögel lieben, fehlen hier, aber viele Vogelarten profitieren von der zunehmenden Verlandung und den alten Bäumen entlang der Drau. Ebenso von Vorteil sind Schilfbestände, die häufiger werden, denn darin bauen mit Vorliebe Teich- und Drosselrohrsänger ihre Nester.

Lebensader

Dass die Drau durch wichtige Städte wie Villach oder Völkermarkt fließt, unterstreicht ihre Bedeutung als Lebensader für das gesamte Bundesland. Die Flößerei war ab dem 15. Jahrhundert ein wichtiger Wirtschaftsfaktor am damals noch reißenden und gefährlichen Fluss von Oberdrauburg bis nach Lavamünd auf Kärntner Landesgebiet, weiter über Marburg in Slowenien bis nach Osijek in Kroatien, wo die Drau in den Donaustrom mündet. Lavamünd war eine bedeutende Labestation der Flößer. Glaubt man mündlichen Überlieferungen, so war zur Hochzeit der Flößerei jedes zweite Haus in der Gemeinde ein Gasthaus. Gesellig und trinkfreudig sollen die Flößer gewesen sein, nur schwimmen durften sie nicht können, ihr Leben war die Versicherung der Flöße, einfache Plattformen aus Rundholz, mit Seilen zusammengehalten. Transportiert wurden bis ins 19. Jahrhundert hinein

Einst als Handelsweg geschätzt, ist die Drau heute Erholungsort und Quell grüner Energie.

Waffen aus Ferlach, Glas aus St. Vinzenz auf der Koralpe oder Holz. Selbst die Stämme, aus denen die Flöße gebaut waren, wurden am Ziel verkauft. Die Flößer mussten auf dem Landweg zurück nach Kärnten. Der Transport auf der Schiene löste die Flößerei schließlich immer mehr ab.

Wiederbelebung

Pläne in der Monarchie, die Drau schiffbar zu machen, wurden nach dem Ersten Weltkrieg verworfen. 1952 wurde die Flößerei durch den Bau der Drau-Kraftwerke endgültig eingestellt. Seit 2004 versuchen findige Touristiker in Lavamünd, die Flößerei wiederzubeleben: mit zwei schwimmenden Plattformen, auf denen gegessen, getrunken, getanzt und gefeiert wird. Immer im Takt der Drau.

So finden Sie zum Schatz

Kontakt: Kultur-Erlebnis Draufloss KG
Lavamünd 40
9473 Lavamünd
Tel. 0676 4231992
www.draufloss.com
Anreise: Auto: A2, von Salzburg: Abfahrt Griffen, Richtung Ruden/Lavamünd, von Wien: Abfahrt St. Andrä, Richtung St. Paul-Lavamünd
Öffentlich: Bahnhof St. Michael ob Bleiburg, weiter mit dem Linienbus

NIEDERÖSTERREICH

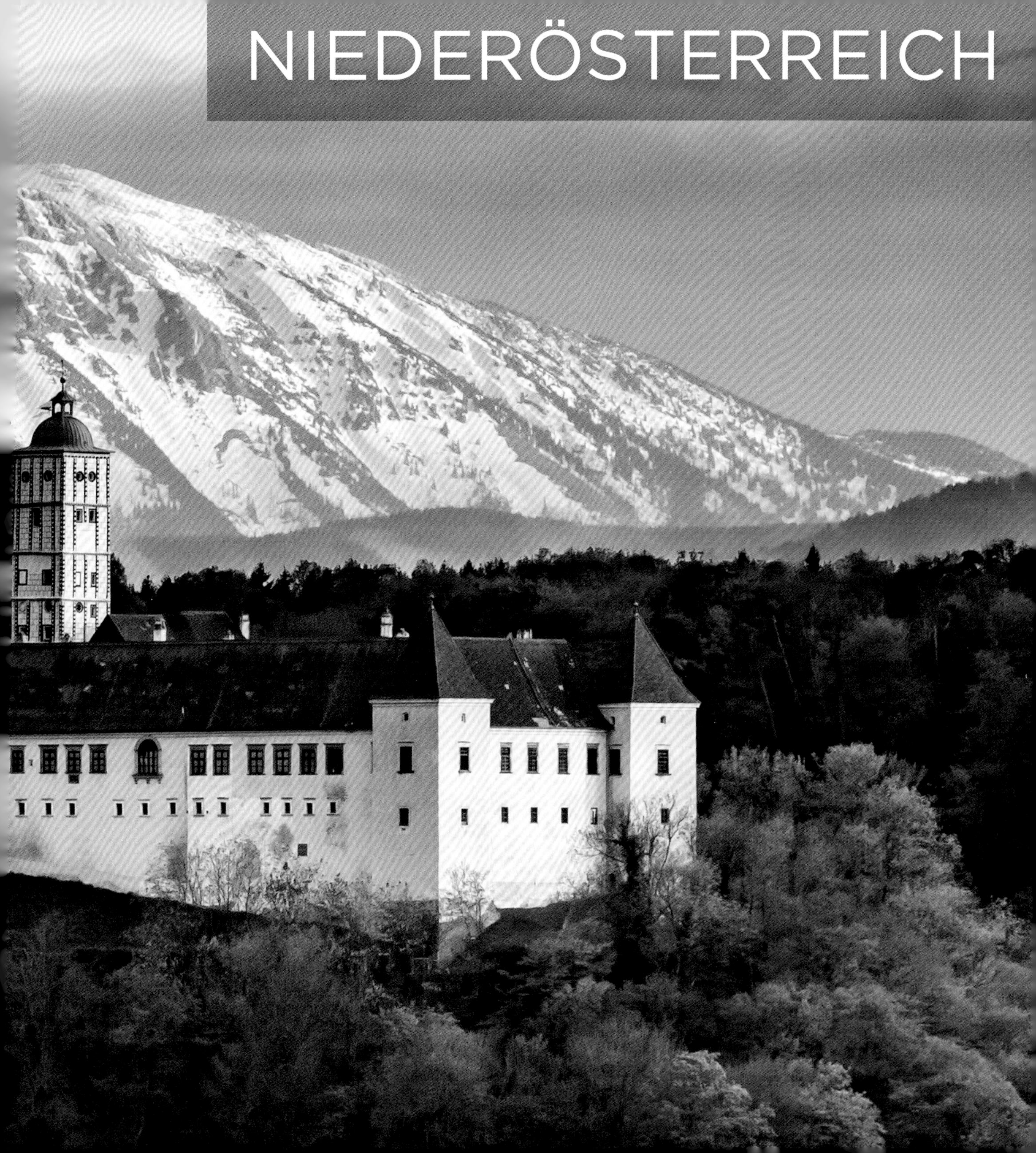

»Wildromantische Täler, erfrischendes Bergwasser, Mensch und Natur im harmonischen Einklang: Niederösterreich bietet so viel zum Wohlfühlen. Da bin ich daheim!«

Thomas Birgfellner

»Der Charme der Vielfalt, von Urwäldern über Berge, Täler und weite Ebenen, Flüsse und Seen, und all die Menschen, die dieses Land gestalten, — und ich darf ein Teil davon sein.«

Christa Kummer

SCHMIEDEMEILE IN YBBSITZ

Traditionelles Handwerk in Niederösterreich

Die Schmiedemeile in Ybbsitz thematisiert eine jahrhundertelange Tradition der Region: das Schmiedewesen. Der Erlebnisweg, auf dem es mehr als 500 Jahre alte Schmieden zu bestaunen gibt, erstreckt sich über acht Meilensteine. Im Jahr 2010 wurde das »Schmieden in Ybbsitz« in die Liste des immateriellen UNESCO-Weltkulturerbes aufgenommen.

Die Schmiedemeile kann in rund drei Stunden erkundet werden. Der Erlebnisweg führt über acht Meilensteine, wobei jede einzelne Station viel Spannendes bietet. Ausgangspunkt der Schmiedemeile ist der Ferraculus, ein mehr als vier Meter hohes Antlitz aus Edelstahl. Der Eisenmensch wurde vom Bildhauer Miguel Horn geschaffen. Ein weiteres Kunstwerk, das am Beginn des Rundwegs bestaunt werden kann, ist die riesige Sanduhr namens »Panta Rhei«, was »alles fließt« bedeutet. Sie wurde von Schmieden aus ganz Europa erschaffen und spannt den Bogen von abendländischer Tradition zu moderner Metallgestaltung.

Der erste Meilenstein markiert das Erlebnis-Museum »FeRRUM«, das den Besucherinnen und Besuchern Geschichte, Kultur und Kunst zum Thema »Metalle und Metallverarbeitung« näherbringt. Der zweite Meilenstein widmet sich den Standesvertretungen und Selbsthilfeorganisationen der Ybbsitzer Schmiede. Interessierte erfahren unter anderem mehr über die 1885 entstandene »Genossenschaft der Schmiede« oder die 1903 gegründete Werks- und Verkaufsgenossenschaft. Bis zu 16 Stunden pro Tag arbeiteten die Schmiede, das gesellschaftliche Leben durfte trotzdem nicht zu kurz kommen. An Fest- und Jahrestagen wurde ordentlich gefeiert, besonders am Namenstag des Schmiede-patrons Eligius. Beim dritten Meilenstein geht es um die Freizeitaktivitäten der Schmiede, weshalb hier auch ein naturnaher Kinderspielplatz erbaut wurde. Einblicke in den Betrieb von Emanuel Sonneck gibt die vierte Station mit Hauen, Schaufeln, Hämmern, Hacken, Beilen und Krampen. Bereits in der fünften Generation ist diese Schmiede in Ybbsitz erhalten. Weiter geht es zum fünften Meilenstein, dem »Fahrngruber Hammer«. In dem restaurier-ten Hammerwerk wurden seit dem 16. Jahrhundert bis in die 1980er-Jahre Hacken, Äxte und Beile erzeugt. Heute werden hier für Besucherinnen und Besucher der Schmiedemeile Schauschmiedevorführungen abgehalten. Und noch ein weiteres Hammerwerk gibt es auf dem Themenweg zu ent-decken: das »Hammerwerk Eybl«, unsere sechste Station. »Ein Schmied macht sich sein Werkzeug immer selbst«, so Sepp Eybl. Der leidenschaftliche Schmied nimmt die Besucherinnen und Besucher mit auf eine glühende Reise tief in die verborgene Welt der Schmiede. Die reichen Wächter der Hammerwerke wurden früher übrigens als »Schwarze Grafen« bezeichnet. Ein Highlight im Hammerwerk Eybl sind zwei intakte Schwanzhämmer. Schwanzhämmer sind die ersten Schmiedemaschinen, die sich der Mensch erdachte. Geschliffen wurden die Werkezeuge dann in den »Schleifen in der Noth«, die den vorletzten Meilenstein markieren. Hier standen einst 13 Schleiferwerkstätten, eines der Gebäude wurde im Jahr 2000 restauriert.

Preisgekrönte Erlebnisbrücke

Die Erlebnisbrücke, eine metallene 25-Meter-Bogenbrücke, bildet das Kern-stück der Schmiedemeile. Sie erstreckt sich über den Wasserfall des Prol-lingbaches und führt zum nahegelegenen Schleifengebäude. Die schräg verlaufende Brücke wurde von den Schmieden Franz Wahler und Josef Eybl konstruiert und ist eines der Highlights auf der Schmiedemeile.

Danach gelangen die Besucherinnen und Besucher zum achten und letzten Meilenstein, zum »Einöd Hammer«, einem der schönsten noch bestehenden Hammerwerke von Ybbsitz in seiner typischen Bauweise. Hier wurden

Die Besichtigung lässt sich gut mit einer idyllischen Wanderung kombinieren.

Mitten im Mostviertler Voralpenland liegt die Schmiedegemeinde an der Kleinen Ybbs.

ursprünglich Hacken, Beile und Reifmesser hergestellt, zuletzt waren es Schaufeln, Hauen und Krampen.

Selbst schmieden und entdecken

Wer nun Lust hat, selbst tätig zu werden, kann dies bei den angebotenen Schmiedekursen tun. Von Hobbyschmiedekursen über Hackenschmieden bis zum Schnupperschmieden für Familien: Das Schmiedezentrum Ybbsitz bietet Interessenten eine Vielfalt an Kursen, um einerseits mehr über das Schmiedewesen zu vermitteln und andererseits einfache Fertigkeiten im Schmieden zu lehren.

So finden Sie zum Schatz

Kontakt: Tourismusbüro FeRRUM Ybbsitz Markt 24 3341 Ybbsitz Tel. 07443 85300 https://schmieden-ybbsitz.at/schmiedemeile

Anreise: Auto: A1 bis Ausfahrt Amstetten-West, B121 bis Ybbsitz, von Gresten kommend B22 bis Ybbsitz, Parkmöglichkeiten im Ortszentrum Ybbsitz Öffentlich: Linien des VOR, Fahrplanauskunft unter Tel. 0800 222324 www.vor.at

SITZENDORFER KELLERGASSE IN HOLLABRUNN

Der Kellerkatze auf der Spur

Rund 1.100 Kellergassen gibt es im Weinviertel, einige davon auch im angrenzenden Weinbaugebiet Wagram. Hollabrunn wird mit 35 Gassen zu Recht als die Hauptstadt der Kellergassen bezeichnet. Mit einer Länge von 1,2 Kilometern und vier Strängen ist die Sitzendorfer Kellergasse in Hollabrunn eine der flächenmäßig größten in Niederösterreich.

Seit 2014 ist die Sitzendorfer Kellergasse in Hollabrunn ein beliebtes Ausflugsziel. Durch sie führt der »Kellerkatzenweg«. Geheimnisvolle Unterwelten, der Duft des Weines und der Wert des Wassers, Lostage und Volksfrömmigkeit, Architektur und Poesie sowie das einmalige Kulturgut Kellergasse werden auf diesem rund dreistündigen Spaziergang erkundet. Etwa 5.000 Besucherinnen und Besucher verfolgen pro Jahr die Spuren der Kellerkatze in Hollabrunn. Der 4,1 Kilometer lange Rundweg führt durch mehrere Stränge und den angrenzenden Naturraum mit Weingärten, Feldern, Lösswänden und Böschungen.

Zertifizierte Kellergassenführerinnen und -führer begleiten interessierte Gäste gerne durch diese geheimnisvolle Arbeits- und Lebenswelt, die speziell in Hollabrunn mit so mancher Überraschung aufwartet. Auf dem Rundweg werden in 25 Stationen die gesamte Arbeits- und Lebenswelt der Weinhauer und ihre Entwicklung von ursprünglich landwirtschaftlicher Bestimmung hin zu vorwiegend privater und gesellschaftlicher Nutzung im städtischen Umfeld geschildert.

Einige Stationen auf dem »Kellerkatzenweg« sind besonders für Familien gestaltet, neueste Attraktion ist ein eigener Erlebniskeller für

Hollabrunn gilt als Zentrum der niederösterreichischen Kellergassen.

Tierische Eingebung als Gradmesser.

Kinder, in dem traditionelle Arbeitstechniken spielerisch nachempfunden werden können: das Bedienen einer Weinpresse, das Zusammensetzen eines Holzfasses und der Bau eines Kellergewölbes.

Die Kellerkatze als Symbolfigur der Weinhauer

Wie der Name schon verrät, spielt auch die sagenhafte Kellerkatze eine Rolle im Weinviertel. Sie ist Leitmotiv und Erzählfigur des Rundwegs und ist vielerorts in Heurigenlokalen, Kellerstüberln oder auch Wohnungen als Souvenir zu finden. Wo die Kellerkatze daheim ist, trinkt man guten Wein, so lautet zumindest ein Sprichwort. Die Weinviertler Kellerkatze ist eine uralte Symbolfigur des Weinbaus, über die zahlreiche Mythen im Umlauf sind. Früher war sie dafür zuständig, Mäuse auf den Dachböden der Presshäuser zu jagen. Danach machte es sich die Samtpfote auf einem der Weinfässer gemütlich. Beobachtungen zufolge legte sich die Kellerkatze immer auf das wärmste Fass. Für den Winzer war dies ein wichtiger Hinweis, denn das wärmste Fass im Keller ist stets jenes, in dem der Most am längsten gärt und somit vielversprechend für einen gehaltvollen Wein ist. Daraus entwickelte sich der Brauch, dass die Winzer eine aus Holz geschnitzte oder aus Ton geformte Katze auf das Fass mit dem besten Wein setzten. Diese Tradition geriet zunehmend in Vergessenheit, bis der heimische Künstler Günter Stockinger die Skulptur der Weinviertler Kellerkatze neu belebte.

Geschichte der Kellergassen

Die Kellergassen im Weinviertel entstanden ab der zweiten Hälfte des 18. Jahrhunderts vor allem dort, wo bereits seit dem Mittelalter Vorratskeller in den Löss gegraben worden waren. Meist lagen sie außerhalb des Ortes und etwas erhöht, um vor Hochwasser geschützt zu sein. Als es den Bauern ermöglicht wurde, in bestimmtem Rahmen selbst Wein zu produzieren, zu lagern und zu verkaufen, wurden Presshäuser oder kleine »Vorkappeln« davorgesetzt, einfache Zweckbauten, die noch heute den Charme einer Kellergasse ausmachen.

So finden Sie zum Schatz

Kontakt: Manfred Breindl, Obmann des Vereins zur Förderung der Sitzendorfer Kellergasse in Hollabrunn, Jahnstraße 8
2020 Hollabrunn
Tel. 0676 3563232
www.kellerkatzenweg.at

Anreise: Auto: S3 Ausfahrt Hollabrunn-Mitte, rechts abbiegen, nach 800 Metern links in die Lastenstraße, gleich wieder links in die Dechant-Pfeifer-Straße. Am Beginn des Themenweges befindet sich ein großer Parkplatz.
Öffentlich: S-Bahn oder Regionalzug ab Wien und Retz–Znaim, 3 Minuten Fußweg vom Bahnhof Hollabrunn

Mit der zunehmenden Übersiedlung der Weinproduktion in moderne Betriebsanlagen wurden die Kellergassen ihrer eigentlichen Bestimmung nach und nach enthoben, manche Objekte verfallen, viele werden aber revitalisiert und zu privaten, gesellschaftlichen und kulturellen Zwecken genützt. Und in vielen Kellergassen hat sich auch das ursprüngliche Brauchtum des Kellerlebens erhalten und wird bei Wein- und Kellergassenfesten weiter gepflegt. Kellergassenführungen vermitteln beredte Einblicke in diese ehrwürdige Tradition.

HELENENTAL

Ein Ort zum Krafttanken

Zahlreiche Rad- und Wanderwege sind die ideale Voraussetzung, um das Helenental und dessen charakteristische Aulandschaft zu erkunden. Nicht nur der Mensch fühlt sich hier äußerst wohl, auch für seltene Tierarten und besondere Waldgesellschaften ist das Naturschutzgebiet Lindkogel-Helenental ein geeigneter Lebensraum.

Schon bekannte historische Persönlichkeiten wie Franz Schubert, Napoleon oder Ludwig van Beethoven fanden ihren Weg durch die romantische und zugleich naturbelassene Landschaft des Helenentals. Entlang der Schwechat gelangt man zum Urtelstein, einem Fels, durch den heute die Bundesstraße führt. Früher bildete die Schwechat dort einen gefährlichen Strudel. Der Überlieferung zufolge galt der Urtelstein einst als Hinrichtungsstätte. Beschuldigte wurden vom Urtelstein in die Schwechat gestoßen und fanden so einen grausamen Tod im Strudel des Flusses.

Besonders beliebt sind kleine Wanderungen zu den Burgruinen Rauhenstein und Rauhen-

eck, die im Mittelalter den Weg von Baden durch das Helenental sicherten. Aber auch Rundwege, zum Beispiel der Kulturwanderweg Helenental, führen an interessanten Sehenswürdigkeiten vorbei, etwa an der Antonsgrotte, der Cholerakapelle oder auch dem Beethovenstein. Letzterer war der Lieblingsplatz Ludwig van Beethovens, der hier ungestört an seinen Werken feilen konnte. Denn das Helenental war schon damals ein Ort zum Krafttanken und Ideensammeln. Die Cholerakapelle liegt etwas versteckt oberhalb der Straße im Wald des Gemeindegebiets Heiligenkreuz und ist ein beliebter Wallfahrtsort. Daneben etablierte sich das gleichnamige Gasthaus. Zum Einkehren auf den Rundwegen eignen sich auch die Augustinerhütte oder die Jausenstation Hauswiese.

»Ich kenn' ein kleines Wegerl im Helenental, das ist für alte Ehepaare viel zu schmal. Die Jungen aber müssen eing'hängt gehen, und das ist schön, und das ist schön.« Peter Alexander hat dem »Wegerl im Helenental« sogar ein Lied gewidmet.

Neben Wanderwegen und Radstrecken hat das von Mythen und Sagen geprägte Helenental noch einiges mehr zu bieten. Naturwunder der Extraklasse, seltsam gewachsene Pflanzen und eine ganz eigene, fast magische Stimmung, die die Wälder hier umhüllt, machen das Tal einzigartig. Die Naturbelassenheit zieht vor allem seltene Tier- und Pflanzenarten an. Fliegende Sonnenanbeter, Wildameisen und Äskulapnattern fühlen sich in der Aulandschaft des Helenentals genauso wohl wie die Wildschweine. Auch die Wasseramsel, die auf der roten Liste der bedrohten Tierarten steht, hat sich an den naturbelassenen Stellen der Schwechat angesiedelt. Und verschiedenste Baumarten bereichern das Helenental: von der Winterlinde über die Esche bis zum Bergahorn. Einzelne Exemplare von Schwarz- und Rotföhren sind ebenfalls entlang der Schwechat zu finden.

Wie das Helenental zu seinem Namen kam

Was den schönen Abschnitt des Schwechattals mit einer Helene verbindet, berichtet eine alte Sage: Die Herren von Rauheneck und Rauhenstein waren seit Langem verfeindet. Doch der Zank der beiden Alten übertrug sich nicht auf deren Kinder, und so verliebten sich der Sohn des Rauheneckers und die Tochter des Rauhensteiners, Helene ineinander. Wegen der Feindschaft der Väter mussten sie ihre Liebe aber verheimlichen. Jeden Abend schlich der junge Herr von Rauheneck in die Nähe der Burg Rauhenstein, um seine Liebste zu sehen. Helene, die oben an der Zinne stand, winkte ihm stets mit dem Schleier zu. Schließlich erfuhr der alte Rauhensteiner von der jungen Liebe. Als er seine Tochter Helene sah, wie sie sich über die Zinne beugte, um ihrem Liebsten zu winken, stieß er sie zornerfüllt über die Felsen in die

Die kristallklare
Schwechat strahlt
pure Ruhe aus.

Nicht nur Beethoven wusste die besondere Unberührtheit zu schätzen.

Tiefe. Doch Helene hatte Glück im Unglück. Ihr langes, wallendes Gewand verfing sich in den Ästen einer Föhre, und so konnte sie von dem jungen Rauhenecker aufgefangen werden. Die Rettung seiner Tochter erweichte das Herz des alten Rauhensteiners. Er gab dem jungen Liebespaar seinen Segen und versöhnte sich mit seinem Feind, dem alten Rauhenecker. An der Stelle, wo seine Tochter gerettet wurde, ließ er eine Kapelle errichten: die Helenenkirche. Seitdem trägt das Tal zwischen der Burg Rauheneck und der Burg Rauhenstein den Namen »Helenental«.

So finden Sie zum Schatz

Kontakt: Pressestelle Baden, Susanne Kollerics Tel. 02252 86800840

Anreise: Auto: A2, Ausfahrt Baden, oder A21, Ausfahrt Alland bzw. Ausfahrt Heiligenkreuz, B11 bis Heiligenkreuz
Öffentlich: Badener Bahn von Wien nach Baden, anschließend mit dem Bus zum Strandbad Baden, hier beginnen die Wanderwege.
Fahrrad: Entlang der Schwechat auf kleinen »Wegerln« von Baden, vorbei an der Krainerhütte bis nach Sattelbach, danach auf einem neu eröffneten Abschnitt zum Stift Heiligenkreuz

OBERÖSTERREICH

»In Oberösterreich fühle ich mich in meiner Mitte. Hier schöpfe ich Kraft – in den Bergen, an den klaren türkisblauen Seen, in den grünen Wäldern und bei meiner Familie und den Menschen vor Ort.«

Gerlinde Kaltenbrunner

»Oberösterreich liegt im Herzen Österreichs. Und mein Herz gehört hierher … In unseren vier wunderschönen Vierteln geht mein Herz so richtig auf, hier finde ich alles, was ich zum Menschsein brauche.«

Jutta Mocuba

GRÜNBERG MIT DEM LAUDACHSEE

Grüne Idylle hoch über Gmunden

Zwischen Grünberg, Traunstein und Katzenstein liegt der idyllische und sagen-umwobene kleine Bergsee Laudachsee. Jedes Kind im Salzkammergut kennt die Sage vom Riesen Erla, der sich unsterblich in die Nixe vom Laudachsee verliebte und ihr das Schloss Orth baute.

Der Grünberg ist, das muss man sagen, der Hausberg der Gmundnerinnen und Gmundner und daher kein unbekannter Gipfel. Für Autos führt bis heute keine Straße hinauf, aber seit 1957 befördert eine Seilbahn die Ausflugs-hungrigen nach oben. Im Jahr 2013 wurde die bisherige Zweiseil-Umlaufbahn durch eine Zweiseil-Pendelbahn ersetzt. Eine Seilbahn-fahrt auf den Grünberg oder der Aufstieg zu Fuß sind also Voraussetzung, um zum kristall-klaren Laudachsee zu gelangen.

Sagenumwobener Bergsee

Der Laudachsee liegt auf eine Höhe von 881 Metern und misst an der tiefsten Stelle 26 Meter. Der Bergsee ist voller Leben. Amphi-bien, Reptilien, Krebse und Fische, etwa Forellen, Saiblinge und Hechte, fühlen sich in seinem klaren und sauberen Wasser wohl. Der größte jemals in diesem See gefangene Fisch war ein Hecht mit dem stattlichen Gewicht von 16 Kilogramm.

Der See ist ein Überbleibsel aus der letzten Eiszeit. In Ufernähe befinden sich Hochmoorflächen bzw. Schwingrasen mit botanischen Raritäten wie Orchideen, Mehlprimeln, Pfeifengras und Moorbirken.

Das Gebiet rund um den Laudachsee ist ein öffentlich zugängliches Natur- und Erholungsgebiet. Im Sommer können sich die Besucher im glasklaren Wasser bei Wassertemperaturen von ca. 20 Grad erfrischen, und im Winter kommen Schlittschuhläufer und Eisstockschützen gerne an den zugefrorenen See.

Botanische Rarität: das Laudachmoor

Wer auf dem Grünberg zum Laudachsee gewandert ist, geht oft auch noch weiter zu einem zweiten Naturjuwel in unmittelbarer Nähe, zum Laudachmoor. Sein Ursprung reicht 10.000 Jahre zurück.

Ein Gang durch das Moor ist ein wunderbares Erlebnis. Der Boden gibt nach, Wasser dringt durch die Schuhe ein – eine unberührte, grüne Landschaft mit dem Katzenstein im Hintergrund. Obwohl das Gebiet nur 900 Meter hoch liegt, gibt es hier viele Latschen, weil sie Bedingungen wie Nährstoffarmut ähnlich wie im Hochgebirge vorfinden. Auch Heidelbeersträucher gedeihen hier prächtig, ebenso Preiselbeeren, Rauschbeeren, Moosbeeren, Besenheide und Pfeifengras.

Die Bundesforste sind dabei, das zwei Hektar große Moor zu renaturieren. Es entstand in der Gletscherzeit aus einem verlandeten See. So siedelten sich an seinen Ufern Pflanzen an, die immer mehr wurden, bis das Ganze zugewachsen war. Das Laudachmoor erhält das Wasser ausschließlich durch Regen, was im Vergleich zu einem Niedermoor weniger Nährstoffe bedeutet. Deshalb sind die Pflanzen, die hier vorkommen, sehr speziell, etwa Torfmoose. Es gibt davon sehr viele verschiedene Arten, und sie sind in ihrem unteren Teil mitunter mehrere Tausend Jahre alt, während sie nach oben weiterwachsen. Sie bilden den Torf und können Wasser bis zum 20-Fachen ihres Trockenvolumens speichern.

Ein beliebtes Ausflugsziel zu jeder Jahreszeit.

Im Sommer Badesee, im Winter rasch mit solider Eisdecke: der Laudachsee.

Fleischfressender Sonnentau

Zu den botanischen Raritäten des Laudachmoors zählt auch der Sonnentau, eine fleischfressende Pflanze, die mit ihren Verdauungsenzymen Insekten auflöst und deren Nährstoffe aufnimmt. Selten ist auch die kleinfruchtige Moosbeere, die hier ebenso zu finden ist, und richtiggehend ein Unikat ist die Zwergbirke. Sie kommt in ganz Oberösterreich nur hier auf dem Grünberg vor.

Eine sehr ungünstige Entwicklung nahm das Laudachmoor, als man dort vor etwa 100 Jahren 50 Jahre lang Torf abbaute und das Moor dafür entwässerte. Durch Gräben wurde das Wasser in den Laudachsee abgeleitet, damit die Arbeiter beim Torfstechen nicht im Nassen stehen mussten. Der Torf wurde entweder zum Heizen oder zur Einstreu für Tiere verwendet, weil er gut saugt. Inzwischen haben die Bundesforste mithilfe von Baggern kleine Dämme aus Lärchenholz errichtet, sogenannte Spundwände, um das Abfließen des Wassers zu verhindern und so den Wasserstand wieder zu heben. Dadurch wird verstärkt Torf gebildet, Kohlenstoff kann abgelagert und organisches Material aufgebaut werden.

Sagenhaftes

Der Laudachsee ist Heimat vieler Sagen. Die bekannteste ist jene vom Riesen Erla, der für die goldhaarige Nixe aus dem Laudachsee, in die er sich unsterblich verliebt hatte, Felsbrocken aus dem Traunstein riss und ans gegenüberliegende Ufer des Traunsees – »ans andere Ort« – warf, um dort ein Schloss für sie zu bauen. Dieses Schloss ist heute unter dem Namen »Schloss Ort« weltbekannt.

So finden Sie zum Schatz

Kontakt: Stadtgemeinde Gmunden
Rathausplatz 1
4810 Gmunden
Tel. 07612 794-0
www.gmunden.at
Anreise: Auto: A1 bis Regau, B145 weiter bis zum Traunsee
Öffentlich: Mit der Bahn über Linz Hbf. bis Gmunden

GIMBACH IM WEISSENBACHTAL

Ein einzigartiges Wasserwundertal

Wilde Wasser, enge Schluchten, schroffe Felsen, feine Kiesstrände, abwechslungsreiche Wege und Landschaften, grandiose Bergpanoramen, Wasserfälle und viel unberührte Natur: das alles bietet das Weißenbachtal zwischen dem Attersee und dem Trauntal bei Bad Ischl.

Das Weißenbachtal ist ein Durchgangstal, das den Attersee mit dem Trauntal zwischen Bad Ischl und Ebensee verbindet und südlich des Höllengebirges verläuft. Und das Weißenbachtal weist eine Besonderheit auf, die man im zersiedelten Österreich heute kaum noch findet: Es ist vollkommen unbewohnt, abgesehen von den Taleingängen natürlich. Unbewohnt heißt nicht unbewirtschaftet oder gar unerschlossen. Neben forstwirtschaftlicher Nutzung gibt es auch Steinbrüche und die recht stark befahrene Straße, die das Tal durchzieht. Aber darüber hinaus findet man keine menschliche Zivilisation auf einer Länge von immerhin zwölf Kilometern. Umso ruhiger und naturbelassener zeigt sich dieses Tal.

Einen Teil des Holzes, das man einst zur Salzversiedung benötigte, bezog man aus den Wäldern um den Attersee. Vor der Wasserscheide im Weißenbachtal hievte man die Stämme mit einem Aufzug empor und ließ sie auf der anderen Seite über sogenannte Holzriesen zum Mitterweißenbach hinabrutschen. Dort mündet übrigens der Höllbach, dem das Höllengebirge seinen Namen verdankt. Folgt man seinem Lauf, dann steht man plötzlich in einem wilden Felskessel. Die Schinderei der Holzknechte muss dort wirklich höllisch gewesen sein ...

Das Wasser kommt direkt aus dem Höllengebirge und ist auch im Sommer sehr erfrischend.

Besonders imposant im Weißenbachtal sind die Gimbach-Kaskaden.

Im Weißenbachtal verbergen sich bezaubernde Wasserwunder – und herrliche Schotterbänke, die sich perfekt zum Träumen, Picknicken und Spielen im glasklaren Wasser eignen. Ein lohnendes Ziel sind auch die Gimbach-Kaskaden. Der Gimbach entspringt im südlichen Höllengebirge, in der Gemeinde Steinbach am Attersee, und mündet in den Äußeren Weißenbach, der wiederum in den Attersee mündet. Er fällt über Kaskaden von der Südflanke des Höllengebirges über rund 200 Höhenmeter Richtung Äußerer Weißenbach. Mehrere Wasserfälle, die in Gumpen von zwei bis sieben Meter Tiefe münden, bilden ein schönes Naturschauspiel. Manche dieser Gumpen enthalten entwurzelte Bäume, andere Gumpen wiederum sind fischreich.

Flusstauchen und Canyoning

Beeindruckend ist der Lauf des Gimbachs: schmale, tief in den Fels geschliffene Strömungsläufe wechseln sich mit zahlreichen Mäandern ab – und dazwischen immer wieder die Gumpen. Das macht den Bach auch für Taucher sehr interessant. Flusstauchen ist hier nicht nur möglich, sondern auch einzigartig schön.

Mit der richtigen Ausrüstung ist eine Canyoningtour auch von jüngeren Abenteurern zu meistern. Nachwuchs-Canyonauten ab zehn Jahren können sich unter fachkundiger Anleitung in dieses aufregende Vergnügen stürzen. Die Tour führt über mehrere Kaskaden des Baches, die durch Rutschen und Springen überwunden werden. Die Sprünge erfolgen aus einer Höhe von ein bis zwei Metern, können aber auch umgangen werden.

Im Jahr 2006 wurden u. a. der Attersee sowie Teile des Weißenbachtals dem Europaschutzgebiet Natura 2000 zugewiesen. Das Hauptziel des Europaschutzgebietes ist es, natürliche Lebensräume zu bewahren und dauerhaft zu sichern. In der Umgebung sind zahlreiche naturgeschützte Pflanzen- und Fischarten beheimatet.

Interessant ist auch die wechselnde Farbe des Gimbachs, denn sie richtet sich nach der Dauer der Schönwetterphase. Nach sehr langen Trocken-

So finden Sie zum Schatz

Kontakt: TVB
Attersee-Attergau
Attergaustraße 31
4880 St. Georgen/Attergau
Tel. 07666 7719
Informationsbüro Steinbach,
4853 Steinbach 5
Tel. 07663 255-0
attersee-attergau.
salzkammergut.at
Anreise: Auto: A1, Abfahrt
Mondsee, B151 nach
Unterach, B152 Richtg.
Bad Ischl, B153, Brücke
über Weißenbach. Adresse
für Navi: Waldsiedlung 6,
4854 Weißenbach/Atter-
see. Öffentlich: Bahn bis
Vöcklabruck, Bus 561/562
Weißenbach. 10 Min. zu Fuß

perioden schimmert der Bach grün, nach regnerischem Wetter zeigt er sich in einem gelblichen Ton.

Der Nixenfall

Interessantes gibt es über den Nixenfall im Weißenbachtal zu berichten, denn hier wohnt der Sage nach die Nixe Adhara. Dazu soll es folgendermaßen gekommen sein:

Im Weißenbachtal lebte einst die Nixe Adhara. Sie schenkte den Bewohnern Gold und viele Edelsteine. Doch die Bewohner wurden gierig und neidisch, weshalb sich Adhara vergrämt in die Schlucht »Fallend Wasser« zurückzog. Seither versteckt sie sich hinter dem Wasserfall, der Nixenfall genannt wird. Ob nun eine Nixe dort wohnt oder nicht – der Nixenfall am Attersee ist in jedem Fall einen Besuch wert. Das Wasser stürzt hier rund 50 Meter tief in einen kleinen Weiher, und ein metallenes Nixenbild an der Felswand erinnert an Adhara.

KÖSSLBACHTAL

Wildromantisch und artenreich

Steile Hangflächen mit markanten Felskanzeln, Blockströme, kleine Rinnsale, unterschiedliche Waldtypen und umgestürzte alte Bäume verleihen dem Tal stellenweise ein beinahe urwaldartiges Aussehen. Es ist eine Naturoase, wie man sie nicht mehr oft findet.

Der Kleine Kößlbach entspringt auf dem Hochplateau des Sauwaldes im Gemeindegebiet von St. Aegidi. Im Unterlauf fließt der Bach auf einer Strecke von etwa dreieinhalb Kilometern in nördliche Richtung durch ein enges Tal und entwässert in der Nähe von Wesenufer in die Donau. Nur ein kurzes Stück weiter flussaufwärts an der Donau befindet sich auf der Mühlviertler Seite das bekannte Rannatal.

Ein Naturschutzgebiet

An der Südseite des Donautals, wo sich der Sauwald als Innviertler Anteil des Granithochlandes erhebt, findet man mehrere steile Gräben. Sie entstanden vor Millionen von Jahren,

als sich die Donau ihren heutigen Weg bahnte. Je tiefer sie sich durch das Gestein fraß, desto mehr frästen sich auch ihre Seitenbäche ein. Im Unterschied zum Rannatal finden wir im Kleinen Kößlbachtal (das eigentlich ein Kesselbachtal ist) eine spätere Entwicklungsstufe vor: Hier wurden die während der Eiszeit abgesprengten Felsblöcke bereits vom Pflanzenwuchs überwuchert. Das gibt dem Kleinen Kößlbachtal auch seinen romantischen Anstrich, und deshalb wurde es – wie eine Tafel am Beginn unseres Weges verrät – zum Naturschutzgebiet erklärt.

Ein Tal wie ein Dschungel

Wer durch das Kößlbachtal wandert, dem fällt sofort der dschungelartige Uferbewuchs dieses dynamischen Flusses auf. Das Tal ist umsäumt von Auen- und Schluchtwäldern, die den Besucher in ihren Bann schlagen. Säulenartig recken sich in dem tief eingeschnittenen Erosionstal zwischen Passau und Linz vor allem Schwarzerlen und Eschen dem Sonnenlicht entgegen. In dieser Baumgesellschaft befinden sich an den Hängen ebenso Bergahorne, Eichen, Linden, Hainbuchen, Rotbuchen, Tannen, Fichten und Ulmen. Besonders das Prachtexemplar eines Baumveteranen – eine fast zur Gänze mit Moos bewachsene Flatterulme an der Einmündung eines Seitenbächleins – verlangt dem Wanderer unweigerlich Respekt ab. Typisch für diese Lichtbaumart, die vornehmlich vereinzelt wächst und ein Alter von 250 Jahren erreichen kann, sind zahlreiche verzweigte Stockausschläge, die man an diesem Solitär gut beobachten kann.

Vielseitige Flora und Fauna

Stattlich liest sich die Liste von Wildblumen dieses Gebiets. Die Frühlingsknotenblume ist im Kößlbachtal ebenso heimisch wie etwa die Rote Pestwurz, das Breitblättrige Knabenkraut, das Wilde Silberblatt, der Wald-Geißbart, das Wald-Vergissmeinnicht, der Waldmeister, die Gemeine Kratzdistel, der Rote Fingerhut, das Echte Johanniskraut oder der Gemeine Beinwell. Die Auflistung der botanischen Kostbarkeiten, zu denen auch noch der seltene, bis zu 1,5 Meter hohe Straußfarn zu zählen ist, der ansonsten nur noch im Bayerischen Wald vorkommt, ist damit längst nicht erschöpft.

Gleiches gilt für die artenreiche Fauna dieses Engtals, in dessen Wildwasser einst sogar die Flussperlmuschel vertreten war. Aus Sicht des Artenschutzes ist das Vorkommen der Gelbbauchunke am herausragendsten. Dieser kleine Lurch hat bereits seit geraumer Zeit einen Stammplatz auf der roten Liste der gefährdeten Arten. Hier, in den kleinen Tümpeln im Auenbereich und in den Pfützen des Waldweges, kann er noch überleben.

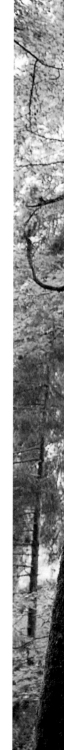

Oberösterreichs
Dschungel.

Zum Auftanken kommen nicht nur Falter und Schmetterlinge.

Auch der Biber hat hier einen optimalen Lebensraum. Ebenso findet der Feuersalamander in diesem Bachtal beste Lebensbedingungen. Auf den aus dem Wasser ragenden abgeschliffenen Felsen kann man immer wieder die Wasseramsel in ihrer typischen wippenden Bewegung beobachten. Auch der »Edelstein« unter den gefiederten Bewohnern des Kößlbachtales, der Eisvogel, hat hier ein Refugium. Das allein schon dürfte ein Qualitätssiegel für die Natur dieses Wildflusstales sein.

Es »flattert« im Kößlbachtal

Besonders gut vertreten sind an den Ufern des Kößlbaches die Falter. Häufig zeigt sich der Große Schillerfalter. Aber auch der Kleine Fuchs, das Schachbrett, der Zitronenfalter, das Landkärtchen, der Trauermantel, der Schwalbenschwanz und – als besondere Attraktion – die Spanische Flagge, auch Russischer Bär genannt, sind hier heimisch. Dabei handelt es sich um einen Falter mit markant schwarz-weiß gezeichneten Vorderflügeln und leuchtend orangefarbenen Hinterflügeln. Von ebenso bezaubernder Farbgebung ist die Blauflügel-Prachtlibelle. Dafür ist der Fischbestand in den glasklaren Fluten sehr verhalten. Zumindest bekommt selbst der aufmerksame Wanderer auffallend wenig Fische zu Gesicht.

Dennoch, wer eine »Tankstelle für alle Sinne« sucht und dieses Tal mit all seinen Naturschönheiten entdeckt, weiß um diese und wird gerne wiederkommen.

So finden Sie zum Schatz

Kontakt: Gemeindeamt St. Aegidi
Sankt Aegidi 10
4725 St. Aegidi
Tel. 07717 7355
www.st-aegidi.at
Anreise: Auto: Ab Linz über die Obere Donaulände. Von der Eferdinger Straße B129 über die Nibelungen Straße B130 bis nach St. Aegidi
Öffentlich: Bus von Linz, Hinsenkampplatz, bis St. Aegidi

»Da leben, wo andere Urlaub machen, um die größte Eishöhle der Erde oder die höchsten Wasserfälle des Landes zu sehen. Einzigartige Natur – das ist Salzburg!«

Viola Wörter

»Soizburg is ...
dahoam sei in da Natur mit bodenständige Leit, mit de ma redn ko und wo ma nu richtig durchschnaufn und entsponna ko. A gscheite Brettljausn und a schena Blick auf die Londschoft und ma is zfriedn!«

Chris Steger

EISRIESENWELT WERFEN

Über 700 Stufen durch die glitzernde Wunderwelt aus Eis

Die größte Eishöhle der Erde liegt mitten in Österreich – quasi im Herzen von Salzburg. Sie ist weit über die Landesgrenzen hinaus bekannt. Touristen aus der ganzen Welt reisen an, um diese prachtvolle Welt mit eigenen Augen zu sehen. Sie ist aus reinstem Trinkwasser geformt – ein einzigartiges Naturphänomen. Wie heißt es so schön: Das Gute liegt so nah!

Wer die Wunderwelt aus Eis betritt, sieht und spürt sofort, warum sie zu den wichtigsten Touristenattraktionen im Land Salzburg zählt. Am Höhleneingang weht den Besuchern bereits die eiskalte Luft entgegen – je wärmer es draußen vor der Höhle ist, desto stärker bläst der Wind aus der Höhle. Dieses Phänomen ist dem Temperaturunterschied geschuldet, denn im Höhleninneren bleibt die Temperatur auch im Hochsommer konstant immer rund um den Gefrierpunkt. Eine warme Jacke und vor allem feste Schuhe gehören also auf jeden Fall zur Grundausstattung der Höhlenbesucher. Ist man in der Höhle drinnen, ist von dem starken Luftzug nichts mehr zu spüren, und die Reise durch die glitzernde Wunderwelt beginnt. Über 700 Stufen geht es im Berg hinauf. Eine gute Stunde dauert die geführte Tour durch dieses Salzburger Naturjuwel.

Zusammenspiel der Natur

Ihren Namen verdankt die größte Eishöhle der Welt den Eisriesen, die hier durch ein einzigartiges Zusammenspiel der Natur entstehen: Wenn im Frühling der Schnee droben auf dem Berg langsam schmilzt, rinnt das Schmelzwasser durch die Felsspalten in den Berg hinein und erstarrt in der Kälte der Höhle zu Eis.

So entstehen kristallklare Skulpturen, die ihre Form ständig verändern. Mit Eis bedeckt ist übrigens nur der erste Kilometer der Höhle – der weitaus größere Teil ist eisfrei. Insgesamt misst die Höhle etwa 42 Kilometer.

Vom Expeditionsziel zum Ausflugsziel

Bis zum Jahr 1879 war die Höhle bei Jägern und Wilderern lediglich vom Hörensagen bekannt. Der Salzburger Naturforscher und Alpinist Anton Posselt macht sich schließlich auf, die Höhle zu erkunden. Bei dieser offiziellen Erstbegehung schaffte er es etwa 200 Meter weit in den Berg hinein. Daraufhin wurde die Höhle nach ihrem Entdecker Posselthöhle genannt und geriet wieder in Vergessenheit. Den Namen Eisriesenwelt bekam sie erst drei Jahrzehnte später. Der junge Höhlenforscher Alexander Mörk hatte die Aufzeichnungen seines Vorgängers gelesen und entdeckte die Höhle zum zweiten Mal. Gemeinsam mit anderen Höhlenforschern überwand er riesige Eiswände mit einfachsten Mitteln und gelangte schließlich zu einer Halle, deren enorme Ausmaße er selbst nur erahnen konnte. »Diese Höhle ist die größte Eishöhle der Welt«, schrieb Alexander Mörk im Jahr 1913 in sein Expeditionsbuch.

Mit der weiteren Erforschung der Höhle sind viele Namen eng verbunden. Unter ihnen sind Marta und Friedrich Oedl. Sie spielten eine besondere Rolle bei der Entwicklung der Eisriesenwelt vom Expeditionsziel zum Ausflugsziel. Als privates, eigenständiges Unternehmen gründeten sie den heutigen Tourismusbetrieb. 1920 wurde die Eisriesenwelt als Schauhöhle eröffnet. Mit dem Bau der damals steilsten Seilbahn Europas Mitte der 1950er-Jahre wurde schließlich der Grundstein für den öffentlichen Tourismus gelegt.

Die Eiskunstläufer im Eispalast

Doch auch beim heutigen Andrang soll das Höhlenerlebnis naturnah bleiben. Deshalb werden, so wie zu den Anfangszeiten, nach wie vor Karbidlampen als Leuchtquellen genützt. Die Höhlenführer setzen die Eisfiguren zusätzlich mit Magnesium in Szene und bringen sie zum Schimmern und

Die Eisriesenwelt steht unter Denkmalschutz und darf nur mit ausgebildeten Höhlenführern betreten werden.

Glänzen. Die Besucher gelangen bis zum Eispalast, dem Umkehrpunkt der Tour. In der Zwischenkriegszeit soll die Eisfläche dort Olympiateilnehmern im Paarlauf als Trainingsplatz gedient haben. Angeblich wurde sogar ein Kurbelgrammophon in die Höhle gebracht, damit die Eiskunstläufer mit Musik üben konnten. Allerdings ist nicht überliefert, welchen Platz sie bei den Olympischen Spielen belegt haben.

Im Winter ist der Höhleneingang auf 1.642 Meter Seehöhe eingeschneit und wegen der Lawinengefahr nicht zugänglich. Ein Ausflug in die Eisriesenwelt ist nur in den Sommermonaten von Mai bis Oktober möglich. Auch wenn viele Besucher einen wolkenverhangenen Regentag nützen, um die Eisriesenwelt zu besichtigen, ist doch gerade an einem heißen Sommertag der Besuch bei den Eisriesen besonders wohltuend, denn das äußerst erfrischende Erlebnis im Berg wird von einem atemberaubenden Ausblick aus dem Höhleneingang gekrönt. Was für ein Geschenk der Natur!

So finden Sie zum Schatz

Kontakt: Eisriesenwelt
Eishöhlenstraße 30
5450 Werfen
Tel. 06468 5248
www.eisriesenwelt.at

Anreise: Auto: A10, von Norden: Abfahrt Werfen, von Süden: Abfahrt Pfarrwerfen. Von Werfen führt eine rund 5 km lange Zufahrtsstraße (mautfrei) zum Besucherzentrum. Öffentlich: Mit der Bahn nach Werfen. Linienbus um 8:18, 10:18 und 14:18 Uhr zum Besucherzentrum. Die Station des Buszubringerdienstes liegt 5 Gehminuten vom Bahnhof entfernt an der Zufahrtstraße zur Eisriesenwelt. Der Bus fährt alle 25 Minuten. Vom Besucherzentrum zur Seilbahn und von der Bergstation zum Höhleneingang sind es jeweils 20 Minuten Gehzeit. Feste Schuhe und warme Kleidung sind unbedingt erforderlich.

KRIMMLER WASSERFÄLLE

Die größten Wasserfälle Österreichs als Gesundheitsquelle

Es gibt sie, diese Plätze, an denen es uns einfach gut geht: Kraftplätze oder Orte, die uns innerlich zur Ruhe kommen lassen. Für jeden kann so ein Platz woanders sein. Doch ein Ort, der nachweislich die Gesundheit fördert, ist außergewöhnlich. Im Oberpinzgau findet man einen solchen. Was die Menschen über Generationen gespürt haben, ließ man sich in Krimml wissenschaftlich belegen.

Mit den enormen Wassermengen, die über eine Fallhöhe von 380 Metern hinunterstürzen, sind die Krimmler Wasserfälle die höchsten Wasserfälle Österreichs und zählen zu den größten der Welt. Die Gemeinde Krimml liegt auf 1.100 Meter Seehöhe im Nationalpark Hohe Tauern. Dass ein Besuch bei den Krimmler Wasserfällen heilende Wirkung hat, ist schon seit 200 Jahren bekannt. Am Beginn des 19. Jahrhunderts empfahl der damalige Landarzt, Medicus Wolfgang Oberlechner aus Zell am See, einen Besuch der Krimmler Wasserfälle als Therapie gegen verschiedene Beschwerden. Das Forschungsinstitut für Ökomedizin der

Paracelsus Medizinischen Privatuniversität Salzburg lieferte vor zehn Jahren den wissenschaftlichen Beweis dazu: Der Aufenthalt im Nahbereich der Wasserfälle bewirkt eine immunologische Verbesserung bei Asthma-Symptomen. Die Aerosole entfalten hier ihre positive Wirkung.

Sprühnebel gegen Allergien und Asthma

Wenn das Wasser auf dem Felsen aufprallt, zerbersten die Tropfen in winzige Teile. So entstehen die Wasserfall-Aerosole. Dieser Sprühnebel stimuliert das Immunsystem und hilft

Was den Menschen
guttut, ist auch gut für
Tiere und Pflanzen.

Über das Jahr betrachtet, unterscheiden sich die Wassermengen sehr stark.

gegen Allergien und Asthma – ein natürliches Heilmittel. Die unsichtbaren Tröpfchen sind 200-mal kleiner als die Tröpfchen, die aus einem Asthmaspray herauskommen. Dadurch kann das Heilmittel aus dem Wasserfall viel tiefer in die Atemwege gelangen und dort seine positive Wirkung entfalten, sodass sich die Lungenfunktion sowie das Immunsystem von Allergikern und Asthmatikern nachhaltig verbessert. Beschwerden werden gelindert, die Lunge erholt sich.

Einzigartige Pflanzenwelt

Mehr als 60 Vogelarten sind hier zu Hause, auch solche, die auf der roten Liste der bedrohten Tierarten stehen. Im Umfeld des tosenden Wassers wachsen zudem besondere Farne, Flechten und Moose – allein bei den Moosen sind es mehr als 300 verschiedene Arten. Durch den Sprühnebel der Wasserfälle sind die Temperaturunterschiede über das Jahr gesehen nicht allzu groß. Das kommt dem Wachstum von Flechten und Moosen entgegen. Viele seltene Arten haben hier den idealen Lebensraum gefunden.

Die Wasserfall-Besucher können all diese Besonderheiten auf ihrem Weg entlang des tosenden Wassers entdecken. Etwa eineinhalb Stunden Gehzeit muss man einplanen bis zur obersten Stufe. In drei Stufen kommen die Krimmler Wasserfälle den Wanderern beim Aufstieg entgegen – der obere Wasserfall mit 140 Meter Höhe, der mittlere flachere Teil, auch Schönangerlboden genannt, und der untere Wasserfall mit 200 Meter Höhe.

Dass diese extreme Fallhöhe überhaupt entstehen konnte, hat ihren Ursprung vor 30 Millionen Jahren. Damals drifteten die Kontinentalplatten auseinander, die Zentralalpen begannen sich zu heben. Doch das obere Salzachtal blieb zurück. Während der Eiszeit wurde dieser Höhenunterschied noch verstärkt. Ihre besondere Kraft verdanken die Krimmler Wasserfälle der gut gefüllten Krimmler Ache. Das Wasser stürzt über die drei großen Fallstufen und in vielen kleinen Kaskaden den Fels entlang hinunter ins Tal, fließt in die Salzach, durch den Pinzgau und weiter Richtung Stadt Salzburg.

So finden Sie zum Schatz

Kontakt: ÖAV Sektion Warnsdorf/Krimml
5743 Krimml
Tel. 06564 7212
www.krimmler-wasserfaelle.at
www.hohe-tauern-health.at
Anreise: Auto: Ab Zell/See B165 nach Krimml, vom Zillertal über den Gerlospass oder von Kufstein über den Pass Thurn Öffentlich: Ab Zell am See Postbus 670 oder Pinzgaubahn bis Krimml. Vom Bahnhof gibt es eine Busverbindung zum Ausgangspunkt der Wasserfallwanderung. Von Mitte April bis Ende Oktober ist der gebührenpflichtige Wasserfallweg geöffnet. In 10–15 Gehminuten erreicht man den untersten Wasserfall.

Heilendes Wasser

Im Juni und Juli ist dieses Naturschauspiel am beeindruckendsten, wenn das Schmelzwasser von den Bergen strömt. Und auch tagsüber gibt es deutliche Unterschiede bei der Menge des Wassers: Bei starker Sonneneinstrahlung am Tag kommt das Schmelzwasser nach seiner Reise aus den Bergen spätabends bei den Krimmler Wasserfällen an – tosendes Wasser, das zu spüren und vor allem auch deutlich zu hören ist. Erstaunlicherweise bewirkt diese Art von Lautstärke bei vielen Menschen genau das Gegenteil von dem Lärm, mit dem wir im Alltag oft zurechtkommen müssen. »Naturlärm« lässt innerliche Ruhe einkehren und steigert das Wohlbefinden. Und wesentlich mehr als eine Wellnessbehandlung bringt der Sprühnebel zustande: Patienten berichten, dass sie nach einer Therapiedauer von zwei bis drei Wochen bis zu vier Monate lang beschwerdefrei leben können. Aber nicht nur die Lunge, auch das Herz geht auf am Fuße der höchsten Wasserfälle des Landes.

NATURPARK WEISSBACH

Aus der Klamm über satte Wiesen bis hinauf auf die Alm

Bewegen, ausruhen, Pflanzen und Tiere entdecken, Sonne genießen oder an einem heißen Sommertag in einer Klamm Abkühlung suchen – das alles kann man sich von einem perfekten Tag in der Natur wünschen, aber es gibt nur wenige Plätze, an denen all diese Wünsche erfüllt werden. Der Naturpark Weißbach ist so ein Platz: Hier ist die Vielfalt zu Hause.

Beeindruckend ist bereits das sogenannte Tor zum Naturpark: Die Seisenbergklamm empfängt die Besucher mit tosendem Wasser. Über Holzstege und Treppen geht es vorbei an steilen Felswänden. Das Wasser hat vor mehr als 12.000 Jahren begonnen, sich durch den Kalkstein zu fressen und den Weg freizuschürfen. So ist sie entstanden, die Seisenbergklamm, ein imposantes Naturdenkmal. Beeindruckend ist auch der Dießbachstausee mit einer Fläche von 26 Hektar. Sein Anfang ist bereits von der Kallbrunnalm aus in Sichtweite. Das dazugehörige Kraftwerk verfügt über eine der steilsten Druckrohrleitungen Europas.

Wilde Vegetation

Sprudelndes Wasser, zarte Wasserfälle und Strudeltöpfe, die in Tausenden Jahren unermüdlicher Fließarbeit kreisrund geformt worden sind: Die Wanderer sind beschäftigt mit sehen, hören und fühlen. Denn es ist ein spezielles Klima da unten in der Klamm. Hohe Luftfeuchtigkeit und wenig Sonnenlicht – was da wächst, ist schon sehr besonders.

Dazu kommen Geschichte und Geschichten. Vor 200 Jahren wurden hier Holzstämme über den Wasserweg transportiert. Der verwinkelte Wasserlauf war eine Herausforderung für die Holzknechte. Aus dieser Zeit stammt die Legende vom Klammgeist: An der wildesten

Stelle in der engen Dunkelklamm hatte sich ein Stamm verkeilt. Die Holzknechte mühten sich ab, ihn freizubekommen. Als es gelang, stellte sich der Stamm als gekrümmter Wurzelstock heraus, der fast lebendig wirkte. Vor dem Pfarrhof wurde er schließlich angeschwemmt. Doch er ließ sich nicht zerkleinern, auch nicht, als der Pfarrer ihn mit Weihwasser besprengte. Am nächsten Tag war der Wurzelstock verschwunden. Die Leute sagten sich, es sei wohl der Klammgeist gewesen, der nun endlich erlöst worden war. Das ist der Ursprung der Sage vom Wurzelgeist aus der Seisenbergklamm.

Ein Verein für die Natur

Der Ursprung des Naturparks Weißbach liegt wesentlich weniger weit zurück, denn er wurde erst im Jahr 2007 gegründet. 28 Quadratkilometer umfasst das Landschaftsschutzgebiet. Der Naturpark ist als Verein organisiert. Was hier passiert, muss umweltgerecht sein. Die Natur ist eng mit der Kulturlandschaft verwoben. Nachhaltiger Tourismus ist eines der Ziele, die man im Naturpark umsetzt.

Von Schmankerl zu Schmankerl

Nach der etwa einstündigen Wanderung durch die Klamm tut sich das wunderbare Berg- und Almgebiet auf. Die Almen werden traditionell bewirtschaftet, und so können sich die Wanderer von Schmankerl zu Schmankerl weiterkosten, etwa den direkt auf der Kallbrunnalm produzierten Käse. Auf diese Weise angespornt, werden nahezu mühelos die nächsten Kilometer zurückgelegt. Insgesamt 45 Kilometer Wanderwege bietet der Naturpark Weißbach und dient auch als Ausgangspunkt für anspruchsvolle Bergtouren auf die umliegenden Gipfel. Auch mit dem Rad ist man hier auf den Radwegen gern gesehener Gast.

Und wer die Augen offenhält, dem begegnet am Wegesrand allerlei: ein Frauenschuh – die heimische Orchidee wohlgemerkt –, eine Türkenbundlilie oder sogar ein Apollofalter! In Europa ist diese Schmetterlingsart stark gefährdet. Hier, im Naturpark Weißbach, gibt es sie. Eindrucksvolle alte

Die Natur bietet dem Auge
eindrucksvolle Vielseitigkeit.

Traditionelle Almen laden
nach der Bergtour zum
gemütlichen Ausklang.

Bäume zeugen von Geschichten, die längst vergessen sind, und allerlei Insektenarten und auch Rauhfußhühner, wie das Auer- und Birkwild, sind hier zu Hause. So viele Besonderheiten auf relativ kleinem Raum!

Sich selbst spüren

Seltene Tiere und Pflanzen, urige Almen, romantische Bankerl mit Aussicht und Milchkanderl vor der Hütte, Berge und herrlich erfrischendes Wasser – da ist für jeden Geschmack das Richtige dabei. Und wer es ganz bequem haben möchte, kann sich mit dem Almtaxi oder -bus chauffieren lassen, denn sanfte Mobilität wird im Naturpark großgeschrieben. Zu spüren, was einem gut tut, kann man hier auf verschiedene Weise üben: auf Barfußwegen, Klettersteigen oder in Kneippanlagen. Und auch zu lernen gibt es genug auf der Erkundungstour, wenn man Fossilien aus dem Urmeer entdeckt und Wissenswertes über die Gebirgsbildung erfährt.

Der Naturpark ist ganzjährig als freies Gebiet geöffnet und besuchbar, denn auch im Winter wird hier viel geboten: Winterspaziergänge, wandern mit Schneeschuhen und Skitouren gehen. Nicht von ungefähr ist Weißbach auch als Bergsteigerdorf vom Österreichischen Alpenverein ausgezeichnet. Im Einklang mit der Natur und mit sich selbst – so verbringt man seine Zeit im Naturpark Weißbach.

So finden Sie zum Schatz

Kontakt: Naturpark Weißbach
Unterweißbach 36
5093 Weißbach bei Lofer
Tel. 06582 835212
www.naturpark-weissbach.at
Anreise: Auto: A1 oder A10 bis Grenzübergang Salzburg-Walserberg, A8 Ausfahrt Bad Reichenhall, B312 nach Lofer und B311 Richtung Saalfelden/Zell am See bis Weißbach bei Lofer.
Öffentlich: Bahn bis St. Johann in Tirol, Bus 4012 bis Lofer, dann Bus 260 nach Weißbach; oder Bahn bis Saalfelden, Bus 620 bis Saalfelden Postamt, dann Bus 260 nach Weißbach; oder Bahn bis Zell am See, dann Bus 260 nach Weißbach bei Lofer.
Direkt im Ortszentrum liegt der Eingang der Seisenbergklamm.

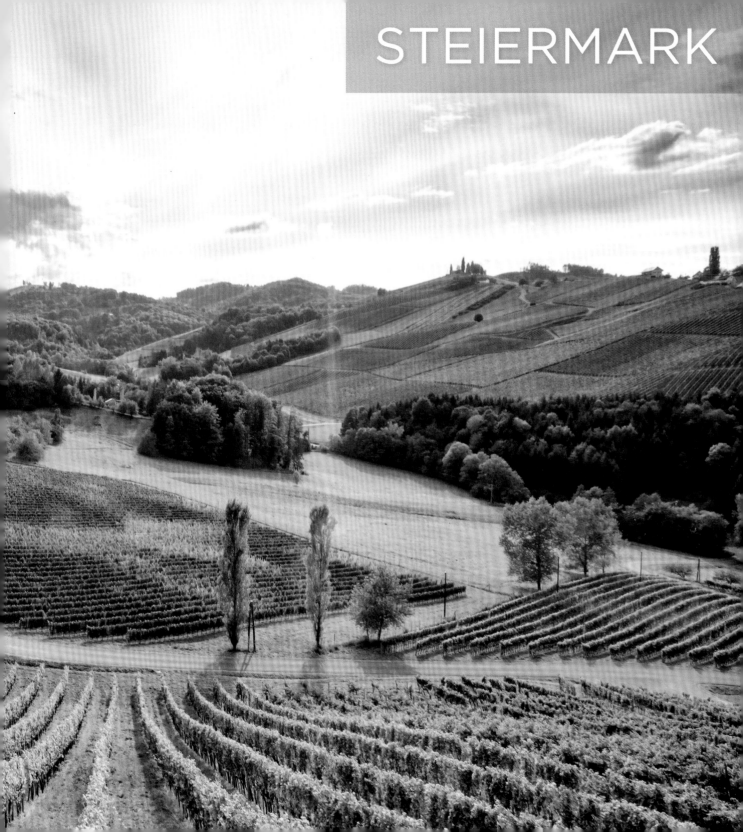

»Hohe Berge, klare Seen.
Moderne Städte, verträumte Orte.
Und viele – oft noch verborgene –
Schätze. Urlaubsland und Land
zum Leben: Das ist unsere
Steiermark.«

Franz Neger

»Ich durfte schon in jungen
Jahren in Brasilien, Paris
und später ein paar Jahre in
Shanghai leben und fremde
Kulturen kennenlernen. Ich bin
glücklich, heute wieder in meiner
Heimat, der Steiermark, zu
leben.«

Julia Zotter

HANDWERKERDÖRFL IN PICHLA

Ein Lebenswerk in der Südsteiermark

Von einer schönen Kindheitserinnerung geleitet, ließ Gerhard Seher Großes entstehen: Ein altes Bauernhaus auf dem Hof seiner Eltern war einst sein Lieblingsort. Über Jahrzehnte hinweg baute er ein ganzes Dorf, das er mit liebevollen historischen Details rund um altes Handwerk ausstattete. Drehen wir die Zeit zurück – im Handwerkerdörfl in St. Veit.

Gerhard Seher ist ein Sammler und sein Handwerkerdörfl ein Sammelsurium, das Gäste mit seinen jahrhundertealten Häusern, Möbelstücken und Werkzeugen in seinen Bann zieht. Vier Jahrzehnte lang hat der in St. Peter am Ottersbach aufgewachsene Steirer Dinge gesammelt, die die Welt von damals dokumentieren: alte Schmiedewerkzeuge zum Beispiel oder Hobel, Pflüge, Pressen und vieles mehr. Selbst sein erster Lohn floss in Flohmarktfunde. Dass Seher als gelernter Buchdrucker und technischer Angestellter in einer Druckerei ein ganzes Dorf mit seinen eigenen Händen aufgebaut hat, ist dabei umso bemerkenswerter.

Für das Haus, in dem man einem Schaufensterpuppen-Schmied bei seiner Arbeit über die Schulter schauen kann, hat Gerhard Seher etwa zwei Lastkraftwagen voll unterschiedlich großer, unbearbeiteter Steine von einem Abbruchhaus gerettet und in Kleinarbeit im südsteirischen Pichla bei Mureck wieder zusammengesetzt. Auch das Bauernhaus aus dem Jahr 1778 oder die Töpferei aus dem Jahr 1772 ließ der Autodidakt im Alleingang wieder auferstehen.

Geschichte(n) aus nächster Nähe

Alle 25 Häuser wurden in einem Radius von maximal 50 Kilometer Entfernung abgetragen. Und jedes erzählt seine eigene Geschichte. In der Schule zum Beispiel lässt sich eine Unterrichtsstunde aus dem 18. Jahrhundert nachempfinden: Zahlreiche Schüler und Schülerinnen haben auf den Holzbänken des kleinen Häuschens Platz genommen, um dem mit einem Rohrstock gewappneten Lehrer zuzuhören. Zu einem historischen Einkaufsbummel lädt eine kleine Greißlerei, die mit bunten Reklametafeln auf sich aufmerksam macht: Waschmittel, Kaffee, Kakao und viele andere Produkte werden beworben – es fühlt sich an, als würde der Greißlereibesitzer gleich lebendig werden und mit der Kundschaft über seine Produkte philosophieren. Wenige Häuser weiter ist ein Schuster fleißig im Einsatz, umringt von schier unzähligen Schuhen in unterschiedlichsten Gebrauchsstadien und Altersstufen. Wie der Schuster, der alten Schuhen mit ein paar Handgriffen noch weite Wege ermöglicht, ist auch Gerhard Seher ein Verfechter der Nachhaltigkeit: »Früher hat man repariert, heute wirft man weg. Ich will Dinge, die nicht vergessen werden sollen, für die Nachwelt bewahren« – nicht zuletzt, weil irgendwann einmal jemand sie mit viel Liebe gefertigt hat. Und auch wie die Fertigung vonstattenging, erzählt der Steirer mit seinem Handwerkerdörfl nach.

Eine Zeitkapsel

Gerhard Sehers Lebenswerk erforderte weit mehr als vier Jahrzehnte des Sammelns, 15 Jahre des Bauens – und ein Leben in und mit dem Handwerkerdörfl: »Jeden Tag musst du dahinter sein«, betont er. Lange Zeit musste er auch dahinter sein, die authentischen Häuser und Stücke für seine Dorfwelt zu finden, etwa für die Fassbinderei aus dem 19. Jahrhundert – ein Ort, wie er ihn selbst noch von seinem Schulweg kennt. »Bis in die 1960er-Jahre haben die Fassbinder so gearbeitet, wie es hier gezeigt wird. Vieles hat sich dann schnell verändert« – und was davor war, verlor seinen Wert. Doch nicht für Gerhard Seher, der vor allem bei Fetzenmärkten von Vereinen

Viel zum Staunen und manches zum Streicheln wartet in der Welt von Gerhard Seher.

Liebevoll arrangiert
bis ins letzte Detail.

wie Freiwilligen Feuerwehren die unterschiedlichsten Schätze aufspürte. Schätze, zu denen man heute kaum noch kommt.

Hier in St. Veit findet man sie in Hülle und Fülle; schaut einem Weber über die Schulter, macht Halt bei einer Wagnerei, einer kleinen Kapelle, einem Bienenhaus – oder blickt in die Rauchküche und ins Wohnzimmer einer Bauernfamilie aus dem 18. Jahrhundert. Würden die Schaufensterpuppen im nächsten Moment zum Leben erwachen, es wäre kaum verwunderlich in dieser Wunderwelt, in der Gäste sogar von echten tierischen Bewohnern wie Schwein Pumbaa und Esel Tobi begrüßt werden.

Dass es in dieser Zeitkapsel weder Steckdosen noch Strom gibt, versteht sich von selbst. Und auch sein Handy und das digitale, schnelle, laute Leben draußen vor den Toren des Handwerkerdörfls vergisst man gern. Zu schön ist es, in eine Welt einzutauchen, in der man nicht viel brauchte und doch so viel schaffte – mit seinen eigenen Händen.

So finden Sie zum Schatz

Kontakt: Handwerkerdörfl Gerhard Seher Pichla bei Mureck 71 8481 St. Veit in der Südsteiermark Tel. 0664 3832963 Voranmeldung erbeten

Anreise: Auto: A9, Abfahrt Vogau, weiter Richtung Pichla bei Mureck, Ankunft über die L271 Öffentlich: Mit dem Zug bis zur Bahnstation Weitersfeld/Mur, anschließend weiter mit dem Rad

STEIRERSEE AUF DER TAUPLITZ

Ein See wird zum Farbenmeer

Man kann nicht zweimal in denselben Fluss steigen, aber auch nicht in denselben See: Mal leuchtet er türkisblau, dann strahlt er tiefgrün oder schimmert golden. Jede Tages- und Jahreszeit wirft ihr eigenes Licht auf den Steirersee. Auf dem höchstgelegenen Seenplateau Mitteleuropas, der Tauplitzalm, verlockt der Schatz zum Eintauchen und Abkühlen.

Wer hier abtaucht, ist definitiv kein Warmduscher: Eine Badetemperatur von 20 Grad erreicht der von unterirdischen Quellen gespeiste, bis zu 30 Meter tiefe Steirersee nur sehr selten. Dafür winkt ein erfrischendes Bad als Belohnung für den rund einstündigen Fußweg zu ihm. Eingebettet zwischen Sturzhahn und Mitterberg im steirischen Teil des Salzkammerguts, bildet der Steirersee mit seinen charakteristischen kleinen Inseln einen Höhepunkt im Rahmen der 6-Seen-Wanderung auf der Tauplitzalm.

Im Frühsommer ist die Tour im Südosten des Toten Gebirges besonders beliebt: Zwischen Juni und Juli wechselt sich die Enzian- mit der Almrauschblüte ab. Das Heidekrautgewächs, das man auch als Alpenrose kennt, taucht die Wiesen in ein reizvolles Pink. Dazu mischen sich immer wieder sommergrüne Lärchenwälder, Bergpanoramen und das kristallklare Blau, Türkis und Grün der Seen.

Der Weg als Ziel
Um zum Seenplateau auf 1.650 Metern zu gelangen, gibt es zwei bequeme Wege: Von Ende Juni bis Mitte September ist eine 4er-Sesselbahn täglich bei gutem Wanderwetter von Tauplitz aus auf die Alm unterwegs. Die

Hochgelegen, einladend und vielfärbig – die Tauplitz verdient viele erstrebenswerte Prädikate.

Gemächlich wandern oder sportlich bergsteigen – danach ist Erfrischung in einem der sechs Bergseen garantiert.

Lifte hier haben Tradition: 1934 ging der erste Schlepplift in Betrieb, 1953 wurde der damals längste Sessellift der Welt errichtet. Acht Jahre später wurde die Tauplitzalm Alpenstraße eröffnet: Mit dem Bus oder Pkw werden über die zehn Kilometer lange Mautstraße rund 800 Höhenmeter überwunden, Ausblicke auf den Grimming oder den Dachstein inklusive.

Links des Parkplatzes bildet der dunkel schimmernde kleine Krallersee am Fuße des Lawinensteins einen würdigen Startpunkt für die 6-Seen-Wanderung. Weiter geht es nach Osten zum Großsee. Seinem Namen wird er mit einer Länge von 440 Metern und einer Breite bis zu 190 Metern gerecht. Wer Glück – und Zeit – im Gepäck hat, legt hier eine Pause zum Entenbeobachten ein. Darüber hinaus gibt es auch Kühe, Gämsen, Auer- und Birkhühner, Schmetterlinge, Frösche und Fische für Groß und Klein zu entdecken.

Nur wenige Gehminuten vom Großsee entfernt liegt der kleine Märchensee, eingebettet in ein romantisches Berg- und Waldidyll. In zahlreichen Hütten rund um die Seen lassen sich kleine und große Pausen von der Jause bis hin zur Übernachtung genießen. Auf keinen Fall sollte man sich eine kulinarische Spezialität der Gegend entgehen lassen: Raungerln aus Mehl, Butter, Rahm, Zucker, Zimt und Salz. Eine Stärkung tut gut: Immerhin ist man beim Märchensee erst beim dritten von sechs sehenswerten Seen angelangt, für deren Erkundung man eine gemütliche Gehzeit von rund sechs Stunden einplanen sollte. Nach dem Großsee und dem Märchensee geht es den gut beschilderten Weg entlang ostwärts zum Tauplitzsee, einem von Almen umgebenen Moorsee. Ein kurzes Stück oberhalb des Steirersees ist dann noch der Schwarzensee zu finden.

Ein See, zwei Inseln

Schließlich ist man angekommen beim größten See des Tauplitzer Hochplateaus, dem 700 Meter langen und bis zu 200 Meter breiten Steirersee auf 1.445 Meter Seehöhe. Zwei kleine Inseln erheben sich am Ostufer aus dem kristallklaren Wasser. Wer einem Bad nicht widerstehen kann, dem eröffnet sich aus dem Wasser auch ein unwiderstehlicher Ausblick auf den

So finden Sie zum Schatz

Kontakt: Tauplitz Berg-bahnen, Tauplitz 71 8982 Bad Mitterndorf Tel. 03688 2252 www.dietauplitz.com TVB Salzkammergut Tel. 03622 54040-0 www.ausseerland. salzkammergut.at
Anreise: Auto: B145, Richtung Bad Aussee/ Liezen, ab Bad Mitterndorf weiter mit Pkw oder Bus über die Alpenstraße auf die Tauplitzalm. Alternativ ab Tauplitz 4er-Sesselbahn Öffentlich: Bahn bis Stainach-Irdning, weiter Bus 950 bis Bad Mitterndorf

1.981 Meter hohen Traweng, den Grubstein mit seinen 2.036 Metern und den Rosskogel (1.890 Meter), die den Steirersee umrahmen.

2.028 Meter hoch erhebt sich der Sturzhahn, dessen Westwand von der Bergsteigerikone Heinrich Harrer erstbestiegen wurde. Vom Steirersee-Bankerl aus genießt man eine weitere besondere Aussicht auf das Berg-panorama. Bis zu ihm lassen sich Teile der 6-Seen-Wanderung auch gut mit Kinderwagen oder Rollstuhl erleben. Ein Traktor ist unterwegs, um seinen in Anhängern sitzenden Passagieren besonders gemütlich die Gegend zu zeigen.

Für Wanderlustige geht der Weg noch weiter bis zur rund eine Stunde ent-fernten Leistalm. Der Rückweg führt erneut vorbei am Steirersee und seinen fünf Brüdern. Die im Laufe des Tages weitergewanderte Sonne taucht sie in ein ganz anderes Licht. Und vielleicht taucht man selbst noch einmal ein – oder kommt wieder.

GRASSLHÖHLE IN DÜRNTAL

Ein Tor zu einer anderen Welt

Geheimnisvoll und geduldig ruht sie unter der Erde. Ein Jahrhundert nach dem anderen lässt sie sich Zeit, um sich mit ihren Tropfstein-Juwelen zu schmücken. Das Tor zur ältesten Schauhöhle Österreichs, der Grasslhöhle in Naas bei Weiz, ist offen. Zeit, ihre Geschichte zu erzählen – und sich von der eigenen Fantasie überraschen zu lassen.

Es war einmal ein junger Hirte, der sich liebevoll um seine Schafe kümmerte. Eines Tages ging ein Lamm verloren und er machte sich auf die Suche. Plötzlich fiel er in ein tiefes Loch hinab und verschwand unter der Erde. Ob der Bub gesund nach drei Tagen oder erst lange nach seinem Tod gefunden werden konnte, dazu gibt es unterschiedliche Überlieferungen. Laut den heutigen Höhlenbesitzern ist jedoch eines sicher: Der Familienname des Buben war Grassl. Und durch den Hirtenknaben kam die Grasslhöhle nicht nur zu ihrer Entdeckung Mitte des 18. Jahrhunderts, sondern auch zu ihrem Namen.

Heute gehört das Höhlengebiet in der Gemeinde Naas bei Weiz der Familie Reisinger, die Gäste mit Charme, Wissen und Passion seit Generationen durch die älteste Schauhöhle Österreichs führt. Die erste gesicherte urkundliche Erwähnung stammt aus dem Jahr 1816. Bereits damals gab es Führungen: Die noch kaum ausgebauten, engen Wege zwangen Damen dazu, ihre weiten Kleider und Röcke gegen Männerkleidung zu tauschen. Selbst wenn hohe Absätze und weite Kleider auch heute nicht für eine Höhlenführung empfohlen werden, sind die 300 Quadratmeter der Grasslhöhle sehr gut begehbar: Im Laufe der Zeit sorgte man für Betonstufen und auch für eine effektvolle Beleuchtung. Bei Temperaturen zwischen acht und zehn Grad, taucht man nur wenige Meter vom Parkplatz entfernt ein in eine Märchenwelt aus Steinen.

Versteinerte Zeit

Bis zu 450.000 Jahre alt sind die Tropfsteine, die sich in der Grasslhöhle zu den unterschiedlichsten Gebilden verbinden. Das besondere Gestein, das sie umgibt, der verkarstungsfähige Schöcklkalk, ist sogar noch viel älter, denn er stammt aus dem Paläozoikum vor rund 350 Millionen Jahren. Das umliegende Karstgebiet ist ideal, um Hohlräume zu entwickeln. Rund 600 Meter Luftlinie von der Grasslhöhle entfernt liegt etwa das Katerloch – und die Fachleute rechnen mit vielen noch unbekannten Höhlensystemen dazwischen. Das Gebiet, auf dem sich die Grasslhöhle befindet, tut sich direkt neben der Raabklamm auf, einem Naturschutzgebiet im Netz der Natura-2000-Gebiete.

In der Grasslhöhle sind vor allem die schier unzähligen, vom Boden heraufwachsenden Stalagmiten bemerkenswert. Verbinden sie sich mit den von der Decke hinabwachsenden Stalaktiten, sprechen Fachleute von sogenannten Stalaknaten oder auch Säulen. Dabei ist jeder Tropfstein ein Unikat. Dringt Wasser durch die kalkhaltige Höhlendecke, wird es mit Kalzium, Kohlen- und Sauerstoff angereichert. Tropft es herab und verdunstet, bleiben Kalkreste zurück – Reste, aus denen im Laufe von Jahrhunderten große Tropfsteine werden können. Unterschiedliche Mineralien sorgen zusätzlich für Farbgebungen von orange bis rostbraun und grau, wobei jüngere Tropfsteine an ihrem strahlenden Weiß zu erkennen sind. Wassertropfen bringen sie im Rahmen einer Höhlenwanderung zum Funkeln – und die Fantasie gießt sie in ganz neue Formen.

Neues – Blick für Blick

Wer über die Treppe hinab in den sogenannten Dom steigt, sollte auf halbem Weg stehenbleiben. Bei genauem Hinsehen ist am anderen Ende des größ-

Die Grasslhöhle besticht immer
wieder durch effektvolle Ansichten.

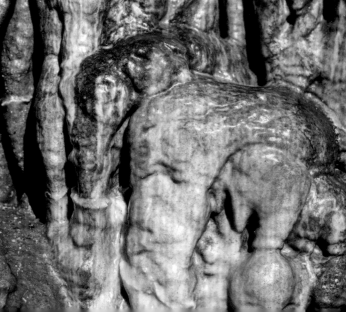

ten Raumes der Höhle eine Frau zu erkennen. Links der Treppe macht man die Bekanntschaft eines kleinen Elefanten. Und mitten im Raum – nicht zu übersehen – schafft sich ein Riese seinen Platz: Der zehn Meter aus dem Boden ragende Stalagmit wird von einem gut erkennbaren Märchenschloss gekrönt und von etwas kleineren Brüdern umrahmt. Selbst das Gesicht Kaiser Franz Josephs lässt sich mit etwas Fantasie in einem der Tropfsteine entdecken.

Rund eine Dreiviertelstunde dauert die Führung durch die Höhle, während der man besonders tief durchatmen sollte: 95 bis 98 Prozent Luftfeuchtigkeit tun den Atemwegen gut. Dabei zieht es nicht nur Menschen in die Tiefe, auch 35 bekannte Tierarten wie die Höhlenspinne, Höhlenheuschrecke und sogar Schmetterlinge leben hier. Fledermäuse schätzen die Grasslhöhle als Winterquartier: Neun Arten sind bislang bekannt. Und es werden immer mehr. Ebenso wie die Gäste, die sich von der Grasslhöhle verzaubern lassen wollen.

So finden Sie zum Schatz

Kontakt: Grasslhöhle
Johann Reisinger
Dürntal 4, 8160 Weiz
Tel. 03172 67328
www.grasslhoehle.at
Anreise: Auto: Über die B64 Richtung Naas, Weiz oder Passail und dann weiter über den Gösser Weg
Öffentlich: Mit dem Sammelbus von Weiz zum Dürntalwirt Graf-Reisinger und von dort aus wandernd zur Grasslhöhle

»Tirol ist meine Heimat. Ich habe diese wunderbare Landschaft mit der Jahren lieber gelernt, die Vielfalt der Natur ist atemberaubend, die Jahreszeiten sind an keinem anderen Platz der Welt schöner.«

Bernhard Aichner

»Tirol werden die schönen Plätze nie ausgehen, der liebe Gott hat es wirklich gut mit uns gemeint. Ich bin immer wieder begeistert, wenn ich ein neues Naturjuwel finde.«

Katharina Kramer

RATTENBERG

Die kleinste Stadt Österreichs am Inn

Klein, aber fein und charmant – so lässt sich Rattenberg gut beschreiben. In der schönen Altstadt mit ihrer Fußgängerzone und den zauberhaften Hinterhöfen gibt es viel zu entdecken. Und vielleicht hat man Lust, einem Glasbläser bei der Arbeit über die Schulter zu schauen. Oder man besucht die Schlossbergspiele unter freiem Himmel.

Malerisch liegt das kleinste Städtchen Österreichs zwischen Inn und dem Schlossberg. Früher war die Stadt ein Umschlagplatz für Waren der Innschifffahrt. Das historische Zentrum wurde im Inn-Salzach-Stil gebaut. In der mittelalterlichen Fußgängerzone gibt es zahlreiche liebevoll und sorgfältig restaurierte Bürgerhäuser. Die Zahl der denkmalgeschützten Häuser mit einer ganzen Reihe von entzückenden Innenhöfen in der kleinen Stadt ist groß. Im Jahr 2013 wurde das gesamte Stadtgebiet unter Ensembleschutz gestellt. Fast die ganze Stadt ist Fußgängerzone.

Im Zeichen des Wassers

Auffällig sind in Rattenberg die vielen Brunnen, die man über das Stadtgebiet verteilt findet. Besonders bekannt sind der Notburgabrunnen und der Kremerbrunnen.

Rattenberg hat übrigens mit den kleinen gleichnamigen Nagern nichts zu tun. Zwar gibt es mehrere Varianten, woher sich der Name ableitet, Ratten spielen dabei aber nie eine Rolle. Urkundlich erwähnt wurde die Stadt im 13. Jahrhundert zum ersten Mal als »Ratinberch«. Das könnte auf die Männernamen

Radolt oder Ratpot zurückgehen. Diese Vornamen waren bei den reichen Grafen Andechs, die in dieser Gegend lebten, sehr beliebt.

Sonnige Gemüter

Die etwa 440 Bewohnerinnen und Bewohner von Rattenberg haben Sonne im Herzen. Und das ist gut so, denn drei Wintermonate lang liegt ein Teil der Stadt wegen des angrenzenden Schlossbergs im Schatten. Es gab Pläne, diesen Altstadtteil mit riesigen Spiegeln mit Sonnenlicht zu versorgen. Das Projekt wurde aber fallengelassen.

Die Tradition der Glasverarbeitung in Rattenberg geht bis ins 19. Jahrhundert zurück. Damals siedelten sich dort Glasveredler an, um die alte Tradition der kunstvollen Glasverarbeitung zu pflegen. Bereits vor mehr als 2.000 Jahren wurde mit der Glasmacherpfeife ein ideales Werkzeug erfunden, um Glas zu bearbeiten. Die Technik hat sich im Laufe der Zeit kaum verändert und wird in Schauglasbläsereien gerne vorgeführt, denn auch heute gibt es noch viele Glasbetriebe und Glasgeschäfte, die Rattenberg neben Kramsach zu einer der schönsten Glasstädte Tirols machen. So schaut die Stadt zurück auf ein geschichtsträchtiges Handwerk und ist stolz darauf.

Das bekannte Handwerkskunstmuseum befindet sich in einem Haus, das in die Felsen des Schlossbergs gebaut ist. Bis 1912 war es bewohnt und es wurden Nägel dort geschmiedet. Rund 2.000 Nägel pro Tag mussten es sein, damit der Nagelschmied davon leben konnte, heißt es. Daraus entstand der Begriff Nagelschmiedhäuser. Heute ist das aus dem 12. Jahrhundert stammende Haus ein berühmtes Fotomotiv gleich am westlichen Eingang der Stadt.

Bekannt ist Rattenberg auch für seine Schlossbergspiele. Fast jeden Sommer wird die Burgruine zur Bühne für ein engagiertes Laienensemble. Seit 1951 wird – oft auch mit Unterstützung professioneller Regisseure und vieler freiwilliger Helfer – jährlich ein neues Stück gespielt.

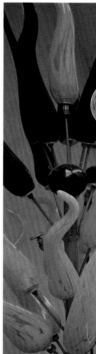

Die kleinste Stadt Tirols hat als Glasstadt einen großen Namen.

Den besten Ausblick auf die kleine Stadt
am Inn mit der großen Fußgängerzone
hat man vom Schlossberg.

Auch von oben überschaubar

Von der Burgruine aus hat man einen großartigen Blick auf die Stadt. Jetzt sieht man erst, wie klein Rattenberg mit seinen gerade einmal zehn Hektar ist. In der bewegten Geschichte Rattenbergs war die Burg ursprünglich als reine Militäranlage geplant und entwickelte sich nach und nach zum Verwaltungszentrum der Stadt. Sie war unter anderem Sitz der Stadtverwaltung und der Ort, wo die Zölle zu bezahlen waren. Mehrmals wurde die Burg, die unter bayrischer Herrschaft stand, an Tirol verpfändet. Unter Kaiser Maximilian I. kam sie endgültig zu Tirol. Heute ist von der Burg nur noch die Ruine übrig – ein idealer Nistplatz für Turmfalken!

Am Schlossberg wurde außerdem einem der bekanntesten österreichischen Maler des Expressionismus ein Denkmal gesetzt: Ein 2,30 Meter hoher Eisenturm zeigt ein eher unbekanntes Bild von Egon Schiele auf Glas gepresst. Durch die Konstruktion kann man die Zeichnung direkt mit dem Original – den Dächern Rattenbergs – vergleichen. Lange Zeit ging man davon aus, dass das Gemälde die Stadt Krumau zeigt, aber es sind die Dächer der kleinsten Stadt Österreichs. Die Ansicht hat sich 100 Jahre später kaum verändert. Fast jedes noch so kleine Detail, die Giebel, Kamine und auch die Fassaden, schauen noch genauso aus wie früher. Das Bild entstand im Jahr 1917, ein Jahr vor Egon Schieles Tod.

So finden Sie zum Schatz

Kontakt: Stadtgemeinde Rattenberg
Pfarrgasse 92
6240 Rattenberg
Tel. 05337 62408
www.rattenberg.at
Tourismusverband Alpbachtal & Tiroler Seenland
Tel. 05337 21200
www.alpbachtal.at

Anreise: Auto: A12 bis Kramsach, links beim Kreisverkehr Richtung Rattenberg
Öffentlich: Mit der Bahn bis nach Brixlegg oder Jenbach, dann mit dem Regionalzug bis Rattenberg-Kramsach

ROSENGARTENSCHLUCHT BEI IMST

Ein kühles Abenteuer mit einem spannenden Ende

Wild und romantisch ist die Rosengartenschlucht bei Imst, ihren Namen hat sie von den vielen Almrosen, die hier im Frühsommer wachsen. Tief unten tost das kristallklare Wasser. Rechts und links ragen senkrecht mit Moos und Farnen bewachsene Felswände in den Himmel. Hoch über dem Eingang zur Schlucht thront die älteste Kirche Tirols.

Mitten im Zentrum der Tiroler Kleinstadt Imst liegt der Einstieg zu einem einzigartigen Naturschauspiel. Die Rosengartenschlucht gilt als eine der schönsten Schluchten Österreichs. Sie bietet Erdgeschichte zum Anfassen, einen tosenden Gebirgsbach und eine erstaunliche Artenvielfalt.

Bei der Wanderung direkt vom Stadtzentrum Richtung Schlucht kommt man zunächst an einigen interessanten Häusern vorbei. Diese für Tirol einmalige Häuserzeile wurde in den riesigen urzeitlichen Schotterhaufen gebaut, der sich mitten in Imst auftürmt, direkt in die

Felswände also, und sie werden immer noch bewohnt. Es sind die sogenannten Bergl-Häuser.

Sommerfrische in der Stadt

Kurz darauf beginnt der Steig durch die 1,5 Kilometer lange Klamm. Besonders im Hochsommer ist sie ein herrlich erfrischendes Ausflugsziel. Knapp 250 Höhenmeter führt der Steig entlang des rauschenden Schinderbaches durch das Innere der Imster Mittelgebirgsterrassen hinauf zur Blauen Grotte. Im Laufe von Jahrmillionen hat sich der Bach mehr als 100 Meter tief in den Stein gegraben. Die Felswände der Schlucht sind hoch, eng und verwinkelt. Immer wieder

Immer tiefer führt der Steig
in das feucht-kühle Klima der
Rosengartenschlucht.

Der Schinderbach gräbt sich spektakulär durch die Felsrücken der Imster Mittelgebirgsterrassen.

plätschern kleine Bäche in die Tiefe, manchmal sind es rauschende Wasserfälle. Die Schlucht ist ein Paradies für Geologen und Botaniker, aber auch für alle, die wilde Naturschönheit lieben.

Stege, in Stein gehauene Stufen, Holzbrücken und Tunnel machen die Wanderung spannend. Ab und zu heißt es unter den Felswänden den Kopf einziehen, und manche Stufen muss man richtig erklimmen. Wegen der besonderen klimatischen Bedingungen findet man hier alpine Flora und Fauna, die eigentlich erst in höheren Lagen vorkommt. Nach rund 1,5 Stunden Wanderns erreicht man den Ausgang der Klamm und bald darauf die Blaue Grotte. Ihren Namen verdankt sie einem faszinierenden Farbenspiel von Licht und Schatten.

Zeuge harter Arbeit

Die Geschichte dieses kleinen Naturjuwels reicht bis in die Römerzeit zurück. Die Blaue Grotte ist fast ein kleines Bergbaumuseum und von regionaler kulturhistorischer Bedeutung, denn es sind dort deutlich zwei verschiedene Vortriebs- und Abbautechniken zu sehen. Im westlichen Teil der Höhle wurde mit der sogenannten Feuersetzmethode nach Erzen gesucht. Dabei wurde das Gestein mit einem Holzfeuer erhitzt. Es dehnte sich, und durch die dadurch entstehenden thermischen Spannungen konnte das Gestein besser bearbeitet werden. Geologen vermuten, dass dort bereits in den ersten Jahrhunderten nach Christi Geburt gearbeitet wurde, denn die geografische Nähe zur Via Claudia Augusta legt nahe, dass diese Schürfungen aus der Römerzeit stammen. Später – im 15. oder 16. Jahrhundert – bearbeitete man den sehr harten Wettersteinkalk mit Hammer und Meißel, um Bleiglanz zu schürfen, was im östlichen Teil der Höhle deutlich zu erkennen ist. So entstanden auch die sogenannten Schrämmstollen. Das sind Stollen, die händisch in den Berg hineingeschlagen worden sind. Von der Blauen Grotte führt solch ein mannshoher, 35 Meter langer Schrämmstollen in den Fels. Ein Mann schaffte es, in einer achtstündigen Schicht ungefähr 20 Kilogramm Gestein aus dem Berg zu schlagen. So muss es gute

So finden Sie zum Schatz

Kontakt: Imst Tourismus
Johannesplatz 4
6460 Imst
Tel. 05412 6910
www.imst.at
Der Einstieg in die Rosen-
gartenschlucht liegt bei der
Johanneskirche direkt im
Zentrum von Imst.
Anreise: Auto: A12 bis Aus-
fahrt Imst, weiter Richtung
Fernpass. Beim zweiten
Kreisverkehr kurz links und
wieder rechts ins Zentrum
zum Johannesplatz,
ausgewiesene Parkplätze
im Zentrum (teilweise
Kurzparkzone)
Öffentlich: Bahn bis Imst,
ins Zentrum mit dem Bus

drei Jahre gedauert haben, diesen Stollen zu errichten. Erst ab 1670 wurden Sprengungen im Bergbau üblich. In der Blauen Grotte gibt es allerdings keinerlei Hinweise darauf. Es wird vermutet, dass der Abbau zu diesem Zeitpunkt schon eingestellt worden war.

Hoch über dem Eingang zur Rosengartenschlucht auf dem Imster Bergl thront die Laurentiuskirche. Sie gilt als eine der ältesten Kirchen Tirols und steht auf einem Platz, auf dem bereits im 5. Jahrhundert eine Kirche stand. Deren Größe sieht man an den schwarzen Steinen im Fußboden der heutigen Kirche.

Ein Spaziergang führt nach der Laurentiuskirche sanft ansteigend zur 1674 erbauten Pestkapelle. Damals fiel fast ein Viertel der Bevölkerung der Seuche zum Opfer. Die Pestkapelle hat keine Glasscheiben, und das aus gutem Grund. Schon damals ging man davon aus, dass sich die Krankheit in geschlossenen Räumen schneller ausbreite, und verzichtete deshalb auf eine Verglasung.

GSCHNITZTAL

Tiroler Ursprünglichkeit in der Nähe von Innsbruck

Saftige Wiesen, urige Almen und gemütliche Gasthäuser machen das kleine Tal in der Nähe der Tiroler Landeshauptstadt zu einem verlockenden Aufenthaltsort. Wer höher hinaus will, der besteigt einen der zahlreichen beeindruckenden Gipfel. Besondere Attraktionen sind das Mühlendorf und eine Alpaka-Farm in Gschnitz. Das kleine Dorf Trins war schon des Öfteren Filmkulisse.

Das idyllische Gschnitztal ist ein kleines Seitental des Wipptales und liegt in den Stubaier Alpen. Im Osten wird das Gschnitztal von sanfteren Bergen flankiert. Richtung Westen werden sie immer höher und schroffer. Gleich mehrere Dreitausender findet man am Talschluss, zum Beispiel den Habicht.

Ursprüngliche Rarität

Die beiden Dörfer im Gschnitztal heißen Gschnitz und Trins. Die erste Erwähnung von Trins ist rund 1.000 Jahre nach Christus als »Trunnes« belegt. Seit 1811 ist Trins eine selbstständige Gemeinde und gilt als eines der wenigen noch unverfälschten Tiroler Bergdörfer. Die Häuser drängen sich in rätoromanischer Bauweise zu einem Haufendorf zusammen. Bis ins 17. Jahrhundert war Trins eine Knappensiedlung, nach der Schließung der Bergwerke begannen die Bauern dort mit der Landwirtschaft.

Bemerkenswerte Bauten sind das Schloss Schneeberg und die spätgotische Pfarrkirche. Aber auch Naturliebhaber finden in Trins alles, was das Herz begehrt. Viele Wander- und Spazierwege schlängeln sich dort durch das Tal. Ein beliebtes Ausflugsziel ist das Padasterjochhaus. Von dort hat man einen tollen Blick auf die Stubaier Alpen. Und wenn es im Sommer im Tal zu warm wird, kann man zur Abkühlung zum Sarnthein-Wasserfall wandern. In den Sommermonaten wird der Wasserfall manchmal in der Nacht erleuchtet. Eine Nachtwanderung ist dann ein unvergessliches Erlebnis.

Bewährte Hollywoodtauglichkeit

Wegen seiner landschaftlichen Schönheit war Trins schon Schauplatz einiger Filme. Das Heimatdrama »Wetterleuchten um Barbara« (1940) und der Hollywood-Spielfilm »The last valley« (»Das vergessene Tal«, 1969) wurden hier gedreht. Der Talabschluss des Gschnitztales war sogar in der Produktion »Die Bourne Verschwörung« (2004) in einer kurzen Sequenz dabei.

Die Gemeinde Gschnitz liegt ein Stück weiter drinnen im Tal. Die urigen Bauernhöfe, von denen einige mit Barockmalereien verziert sind, zeugen von der langen Geschichte des Dorfes. Etwa 420 Menschen leben hier. Gschnitz gehört wie Trins zu den Bergsteigerdörfern. 2019 wurde das ganze Tal in die Riege dieser länderübergreifenden Initiative aufgenommen, die sich einer nachhaltigen Entwicklung des Tourismus verschrieben hat.

Vielfältige Aufstiegsmöglichkeiten

Neben vielen Wanderungen zu insgesamt fünf Almen und sieben Berghütten bietet das Gschnitztal auch hochalpine Touren. Es gibt zum Beispiel die mehrtägige »Gschnitztaler Hüttentour«. Am Weg liegen bekannte Berggipfel mit beeindruckenden Ausblicken. Auch »Bike and Hike« kommt bei Einheimischen und Gästen immer besser an. Mit dem Mountainbike kann man bis zu den Hütten fahren und das letzte Stück zum Gipfel zu Fuß gehen. Auf eine Zeitreise begibt man sich im Mühlendorf. Im Schatten des Sandeswasserfalls wandert man auf alten Pfaden und hat die Möglichkeit, alle Gebäude und ihre Bestimmung von außen und innen genau zu erkunden. Das Mühlendorf »lebt« und zeigt die Arbeitsweise der Menschen, wie man sie noch vor 100 Jahren kannte. Wasserkraft treibt die Getreidemühle an, besichtigt werden können auch eine Schmiede und eine Handwerkstätte.

Wenige, aber manch außergewöhnliche Einwohner leben in dem malerischen Tal.

Ein tierisches Ausflugsziel in Gschnitz ist die Alpaka-Farm von Renate und Franz Mader. 2009 kamen die zwei zum ersten Mal mit Alpakas in Berührung und waren sofort von der Idee einer eigenen Alpakazucht begeistert. Nach einigen Umbauarbeiten am Hof erfüllten sie sich den gemeinsamen Traum und kauften im Frühjahr 2016 als erster Betrieb im Wipptal vier Alpaka-stuten, zwei davon trächtig. Inzwischen ist die Herde auf 20 Alpakas angewachsen. Besuch ist herzlich willkommen. Bei einer Wanderung kann man die sympathischen Tiere besser kennenlernen.

Landschaftlich besonders schön im hinteren Gschnitztal gelegen ist die Laponesalm. Sie ist leicht erreichbar und damit auch für Familien mit Kindern geeignet. Auch hier kann man sich auf schöne Ausblicke auf zahlreiche Dreitausender der Stubaier Alpen freuen.

Fast die gesamte Fläche des Tals ist Teil von Schutzgebieten. Die vielfältige und einzigartige Fauna und Flora sind unvergleichliche Naturschätze. Eine Wanderung im Frühsommer etwa zum Blaser lässt das Herz jedes Botanikers höher schlagen. Zahlreiche Orchideenarten und vor allem die Artenvielfalt der Alpenblumen machen ihn zum »blumenreichsten Berg Tirols«.

So finden Sie zum Schatz

Kontakt: Tourismus-verband Wipptal
Rathausplatz 1
6150 Steinach in Tirol
Tel. 05272 6270
www.wipptal.at
Anreise: Auto: A13 Brenner-autobahn bis Steinach am Brenner, L10 nach Trins
Öffentlich: Mit der Bahn bis Innsbruck, von dort mit dem Regionalzug oder dem Bus nach Trins

»Die ›bsundriga Lüt‹, der Unternehmergeist und die Kreativität inmitten der erhabenen Bergwelt und der unzähligen Täler – das verbindet mich mit meinem Vorarlberg.«

Lisbeth Bischoff

»Ich liebe den Blick übers Rheintal beim Frühstückskaffee. Dieser Moment ist jeden Tag schön, egal bei welchem Wetter. Hier bin ich daheim, für mein Leben gern.«

Kerstin Polzer

BERGDORF EBNIT

Wenn schon die Anreise zum Erlebnis wird

Wer ein ganz besonders charmantes Feriendorf sucht, könnte im Ebnit genau richtig sein. Dieser kleine Ort ist Ausgangspunkt für viele Wanderungen und es gibt verschiedene Möglichkeiten für einen echten Adrenalinkick. Aber alles der Reihe nach, denn das Abenteuer Ebnit fängt schon bei der Anreise an.

Ebnit liegt in einem abgeschiedenen Seitental des Rheintals auf 1.100 Meter Seehöhe und gehört zur Stadt Dornbirn. Aktuell leben dort etwa 100 Menschen, in den Ferienzeiten sind es natürlich deutlich mehr. Viele Urlauber kommen in die idyllisch gelegenen, teils altehrwürdigen, teils völlig modernen Ferienhäuschen, um die beschauliche Ruhe und die gute Luft zu genießen.

Nur eine winzige ebene Fläche

Besiedelt wurde Ebnit wohl bereits im 14. Jahrhundert. Damals gab Ritter Ulrich von Ems drei armen Walser Familien das Recht, sich dort niederzulassen. Das Gelände ist überall steil und mühsam zu bewirtschaften. Beachtlich ist in diesem Zusammenhang der Name »Ebnit«. Er deutet nämlich auf eine ebene Fläche hin, die allerdings kaum zu finden ist. Es war wohl ein kleines, flaches Fleckchen Land, das einst für den Ortsnamen verantwortlich war: genau jener Platz, auf dem jetzt die Kirche steht.

Die Lebensumstände waren hart, Ebnit war abgeschieden und schwer zu erreichen, viele junge Ebniter wanderten daher ab dem 19. Jahrhundert ab, um draußen auf dem Land zu arbeiten. Es wäre unmöglich gewesen, jeden Tag hin und her zu pendeln, denn der Fußmarsch dauerte etwa drei Stunden. Lange Zeit war Ebnit nur über Hohenems zugänglich, erst vor knapp 100 Jahren wurde die Straße nach Dornbirn errichtet. Der Bau dieser Straße war so teuer, dass die Ebniter das unmöglich alleine finanzieren konnten. Unter anderem aus diesem Grund wurde der damals eigenständige kleine Ort im Jahr 1932 in die Stadt Dornbirn eingemeindet.

Abenteuer Ebniterstraße

Wenn über Ebnit geredet wird, geht es fast immer auch um die etwa zehn Kilometer lange Straße dorthin. Sie zu bauen, war ein Kraftakt, sie zu befahren, ist jedes Mal aufs Neue ein Erlebnis. Das Tal der Ebniterach ist eng und felsig, die Straße schlängelt sich von Dornbirn aus in vielen Kurven bergwärts, sie führt über Brücken, schmale Galerien und durch so enge Steintunnel, dass man sich nicht immer sicher ist, ob sich das mit dem Auto überhaupt ausgehen kann. Empfehlenswert ist eine Fahrt mit dem Linienbus, so lässt sich die besondere Kulisse ganz stressfrei genießen. Im eigenen Auto würde die Furcht vor allfälligem Gegenverkehr den Genuss möglicherweise sehr beeinträchtigen. Die Ausweichmöglichkeiten sind nämlich nicht immer in nächster Nähe.

Moderne Betonbrücken

Es rentiert sich auch, einen genauen Blick auf die Brücken zu werfen. Drei davon wurden vor einigen Jahren erneuert. Die Architektur dieser Bogenbrücken aus Sichtbeton erhielt bereits mehrere Auszeichnungen. Laut Experten fügen sich die Bauwerke filigran, schlicht und elegant in die alpine Landschaft ein und wirken inmitten der imposanten Naturkulisse wie Betonskulpturen.

Ebnit ist ein sehr beliebtes Ziel für Wanderer. Viele starten bei der Bergstation der Karrenseilbahn in Dornbirn, gehen von dort Richtung Ebnit und fahren mit dem Bus wieder zurück zur Talstation. Auch ein Abstecher in die Rappenlochschlucht ist für viele ein Muss, sie zählt zu den größten Schluchten Mitteleuropas.

Nach einer anspruchsvollen Anfahrt wird man durch reine Idylle belohnt.

Das abgelegene Bergdorf meint Abgeschiedenheit ernst.

Adrenalinkick in luftiger Höhe, Juchzer und Kuhglocken

Neben unzähligen Wandermöglichkeiten bietet Ebnit auch einiges für all jene, die den besonderen Adrenalinkick suchen. Es gibt zum Beispiel einen Flying-Fox-Parcours: In luftiger Höhe geht es am Stahlseil vorbei an tiefen Abgründen und zarten Baumwipfeln. Hin und wieder ist in der Geräuschkulisse der Kuhglocken daher ein fröhliches Juchzen zu hören. Auch im Hochseilgarten ist es möglich, die eigene Komfortzone zu verlassen und die Grenzen auszuloten, schließlich balanciert man nicht jeden Tag in zehn Meter Höhe über wackelige Holzbretter. Darüber hinaus gibt es einen Parcours zum Bogenschießen und Möglichkeiten zum Reiten. Im Winter ist sogar ein kleiner Skilift in Betrieb, den vor allem Familien mit kleineren Kindern gerne nützen.

Ebnit ist einzigartig, die Beschaulichkeit wirkt manchmal fast unecht, die Atmosphäre ist so anders als in vielen modernen Ferienorten in den Alpen. Bei all der Ruhe kommt aber auch der Abenteuerfaktor nicht zu kurz. Wer den aufregenden Weg auf sich nimmt, wird wissen, wovon die Rede ist.

So finden Sie zum Schatz

Kontakt: Kirche Ebnit
Ebnit 2
6850 Dornbirn
www.sv-ebnit.at
www.kolping-ebnit.at
Anreise: Auto: A14 bis Dornbirn Süd, Richtung Zentrum und an der Kreuzung B190/L190 den Schildern Richtung Karrenseilbahn folgen. Von dort Richtung Gütle und weiter ins Ebnit. Bei der Kirche gibt es Parkplätze.
Öffentlich: Vom Bahnhof Dornbirn mit dem Landbus 47 nach Ebnit

SANKT ARBOGAST

Wenn ein Besuch eine heilsame Wirkung verspricht

Er liegt auf einer kleinen Anhöhe in Götzis, der Weiler Sankt Arbogast. Der Legende nach soll hier einst der heilige Arbogast gelebt und viele gute Taten vollbracht haben. Wer sagt, die besondere Atmosphäre ist in dieser Gegend nach wie vor spürbar, könnte recht haben. Entspannung und neue Eindrücke wird ein Spaziergang in diesem Gebiet auf jeden Fall bringen.

Seit dem Mittelalter kommen immer wieder Pilger nach Sankt Arbogast. Es heißt nämlich, dass der heilige Arbogast früher viele Lahme heilte. Aus diesem Grund pilgern vor allem Menschen mit Bein- oder Fußproblemen zur Kirche. Sie gehen zum Gebetsstein an der Außenseite der Kirche, knien sich in dessen Mulde und bitten darum, dass die Beschwerden nachlassen. Erzählungen zufolge gibt es aber noch einen anderen Grund, diesen Stein zu besuchen, nämlich dann, wenn man sich einen Partner, eine Partnerin fürs Leben wünscht. Auch in diesem Fall soll der Gebetsstein helfen.

Spirituelle Kraft

Eine spirituelle Wirkung scheint Sankt Arbogast in jedem Fall zu haben, wohl nicht zufällig ist dort auch ein Bildungsdorf der katholischen Kirche entstanden. Es gibt ein Seminarhaus, drei Gästehäuser und eine Kapelle. Atemberaubend ist der Blick aus dem Speisesaal: Gleich unter dem Fenster fällt der Hang steil ab, das Rheintal liegt einem zu Füßen. Viele zücken genau an dieser Stelle gern ihr Handy, um dieses Panorama auf einem Foto zu sichern. Für eine besondere Stimmung sorgt auch der Staudengarten im Innenhof, alle Gebäude sind rund um diesen Platz angeordnet. Einkehr,

Das Bildungshaus Sankt Arbogast thront über dem Rheintal.

Das Wasserhaus ist mit seinen 820 Öffnungen in Wänden und Decke eine bautechnische Meisterleistung.

Ausblick und neue Perspektiven – viele bezeichnen Sankt Arbogast als einen wohltuenden Ort der Erholung und der Begegnung.

Naturerlebnis Örflaschlucht

Für Ruhe und Entspannung sorgt auch der angrenzende Wald. Innerhalb kürzester Zeit befindet man sich inmitten von unberührter Natur. Das Gebiet zählt zum Naturschutzgebiet Hohe Kugel – Hoher Freschen – Mellental und umfasst fast 7.700 Hektar. Besonders schön ist der Weg durch die Örflaschlucht. Sie entstand im Zuge der letzten großen Eiszeit, als das Wasser des Emmebachs sich seinen Weg durch Kalkgestein und Mergel suchte. Steil erheben sich links und rechts des Flussbettes die Felsen in die Höhe und machen dann ganz oben dem Himmel Platz. Auch ein paar Höhlen gibt es in der Schlucht. Sie sind leicht zugänglich und nur etwa fünf Meter lang. Es besteht also keine Gefahr, sich zu verirren.

Gepflegte Schützentradition

Eine besondere Tradition hat in Sankt Arbogast das Schützenhaus. Der Schießstand zählt zu den ältesten Schießstätten des Landes, die noch in Betrieb sind. Geschossen wird auf Schützenscheiben in 150 und 200 Meter Entfernung direkt am Waldrand – und zwar mit 100 Jahre alten originalen Scheibenstutzen, einer speziellen Sportwaffe. Die Schützen sind stolz auf ihre Tradition und halten sie sorgsam hoch, selbstverständlich auch heute noch ausschließlich in der Schützentracht.

Alte Burg und modernes Wasserhaus

Spannend ist in Sankt Arbogast der Kontrast zwischen sehr Altem und ganz Modernem. Die Burgruine Neu-Montfort, das markante Götzner Wahrzeichen, stammt aus dem Mittelalter. Die Burg dürfte von den Grafen von Montfort erbaut worden sein. Um den Verfall zu stoppen, wird sie saniert, schließlich sollen auch die nächsten Generationen in der Ruine noch einen Hauch von Geschichte spüren können. Etwas völlig anderes steht in der

So finden Sie zum Schatz

Kontakt: Kirche Sankt Arbogast
Montfortstraße 81
6840 Götzis
Tel. 05523 62501-0
https://goetzis.at
https://arbogast.at
Anreise: Auto: A14 Ausfahrt Altach oder Götzis, auf der B190 in Richtung Zentrum Götzis. Bei der Pfarrkirche St. Ulrich abzweigen und dem Wegweiser nach Sankt Arbogast folgen
Öffentlich: Vom Bahnhof Götzis mit der Buslinie 60 nach Sankt Arbogast

nahen Talsenke, mitten in der Wiese: ein löchriger Betonkubus. Das ist das »Wasserhaus«, geschaffen von Fridolin Welte als Ergebnis eines Kunstwettbewerbs vor gut 20 Jahren. Es soll die Wahrnehmung für das kostbare Element Wasser schärfen. Es wäre schade, einfach daran vorbeizuspazieren, denn es rentiert sich wirklich, einzutreten. Der Blick hinaus, die Lichtspiele und Spiegelungen sind beeindruckend, die Perspektive hat sich verändert. Sehen und staunen!

Dass der Besuch in Sankt Arbogast tatsächlich Fußbeschwerden lindern kann oder dabei hilft, den richtigen Partner zu finden, ist nicht nachgewiesen. Doch ganz gewiss kann ein Spaziergang in dieser Umgebung Nahrung für den Geist und Balsam für die Seele sein.

WIEGENSEE

Wenn eine Wanderung bleibende Eindrücke hinterlässt

Wer diesen Schatz finden möchte, muss sich zuerst ein bisschen anstrengen. Der Wiegensee liegt oberhalb von Partenen im Montafon auf mehr als 1.900 Meter Höhe und kann nur zu Fuß erreicht werden. Eineinhalb bis zwei Stunden Gehzeit sind dazu nötig und vermutlich auch ein paar Schweißperlen, aber in diesem Naturparadies ist bereits der Weg das Ziel.

Die Wanderung rentiert sich, denn sie führt durch die außergewöhnliche Landschaft des Europaschutzgebiets Verwall. Dieses Gebiet ist 120 Quadratkilometer groß und somit das größte Schutzgebiet in Vorarlberg. Es ist sogar größer als vier der sechs österreichischen Nationalparks. Es gibt unzählige Möglichkeiten für Wanderungen, und ganz egal, ob man zur Verbella Alpe, zur Heilbronner Hütte, zum Zeinissee oder zum Wiegensee wandert, die imposante Bergkulisse ist überall ein Erlebnis.

Von Bergen umgeben

Die Hochgebirgslandschaft ist hier noch sehr naturbelassen, Gams und Steinbock fühlen sich ebenso zu Hause wie Birkhuhn, Schneehuhn, Wanderfalke oder Steinadler. Und somit gilt es, genau zu schauen und die Ohren offen zu halten, vielleicht kreist in der Luft ja ein Adler, möglicherweise pfeift auch irgendwo ein Murmeltier, und mit etwas Glück ist an den steilen, grasbewachsenen Bergflanken sogar ein Steinbock zu erkennen.

Friedlich eingebettet in einer Wiege

Am südlichen Rand des Europaschutzgebiets Verwall befindet sich ein weiteres, speziell ausgewiesenes Schutzgebiet: der Wiegensee. Dieser kleine Moorsee liegt am Fuße der Versalspitze malerisch eingebettet in einer Hangverebnung, der sogenannten Wiege. Sie wurde durch die Gletscher geschaffen, denn als diese schmolzen, blieben gleich mehrere Seen zurück.

Ein Ufer, das keines ist

Die Moorlandschaft rund um den Wiegensee ist international von Bedeutung, denn sie weist ein spannendes botanisches Phänomen auf: Gräser und Moose wachsen vom Ufer her auf die Wasseroberfläche hinaus und bilden dort mit der Zeit ein dichtes Geflecht. Diese Pflanzendecke, die Schwingrasen genannt wird, schaut auf den ersten Blick stabil aus, sie ist es aber nicht. Wer sie betritt, würde einsinken und dabei den Schwingrasen und somit den gesamten Moorkomplex schwer beschädigen.

Stege für einen behutsamen Besuch

Es ist streng verboten, sich im Wasser des Wiegensees zu erfrischen, schließlich müsste man dafür den Uferbereich betreten und würde die empfindlichen Moorpflanzen kaputt machen. Eine fatale Angelegenheit, denn die Sommer sind auf rund 2.000 Meter Höhe sehr kurz und die Pflanzen hätten viel zu wenig Zeit, um sich zu erholen und wieder zu wachsen. Für die Wanderer wurden daher extra Stege angelegt, damit der sensible Moorkörper unversehrt bleibt, schließlich soll dieser Schatz ja noch länger zu bewundern sein.

Schönheit mit Ablaufdatum

Und doch können wir die Zukunft des Wiegensees bereits erahnen: Er wird irgendwann verlanden. Das lässt sich jetzt schon an den Weihern in der unmittelbaren Umgebung beobachten, deren Wasserkörper zum Teil bereits fast vollständig mit Pflanzenmaterial gefüllt sind. Wie lange das dauern wird, lässt sich schwer abschätzen. Wir sprechen aber vermutlich von einem längeren Zeitraum, vielleicht sogar von Jahrhunderten.

Stege schützen den Schatz und ermöglichen es, gefahrlos die herrlichen Eindrücke aufzusaugen.

Vom Wiegensee bietet sich eine überwältigende Aussicht auf die Berge der Silvretta.

Bestes Heu und beschwerliche Mahd

Im Bereich des Wiegensees gibt es einige von Felsen eingerahmte, steile Wiesen, die einst sogar bewirtschaftet wurden. Bis Mitte des 20. Jahrhunderts mähten Bauern die steilen Hänge und lagerten das Heu, das als das beste und nährstoffreichste überhaupt galt, in Hütten ein. Erst im Winter wurde es dann unter nahezu lebensgefährlichen Bedingungen mit Schlitten oder auf dem Rücken ins Tal transportiert. Heute erfreuen sich Gämsen und Steinböcke an den steilen, grasbewachsenen Bergflanken. Für sie sind die vielen Kräuter und Gräser eine wichtige Nahrungsquelle.

Der Blick über den Wiegensee in Richtung der Berggipfel kann zu einem ganz speziellen Moment werden. Die Natur hat diesen Moorsee einst geschaffen, seine Entwicklung ist noch lange nicht zu Ende. Der Mensch darf dieses Schauspiel genießen, mit großer Vorsicht, als achtsamer Gast.

So finden Sie zum Schatz

Kontakt: Gemeinde Gaschurn-Partenen
Dorfstraße 2
6793 Gaschurn
Tel. 05558 8202-0
www.gaschurn-partenen.at
Silvretta-Bielerhöhe
Silvrettastraße
6794 Partenen
Tel. 05556 70183167
www.silvretta-bielerhoehe.at
Anreise: Auto: A14, Abfahrt Bludenz-Montafon, weiter auf der Montafonerstraße L188 bis nach Partenen (Tafamuntbahn) oder von dort weiter über die mautpflichtige Silvretta-Hochalpenstraße zur Bielerhöhe Öffentlich: Vom Bahnhof Bludenz mit der Montafonerbahn nach Schruns und weiter mit dem mbs Bus bis Partenen oder bis zur Bielerhöhe

»Wien ist mein Zuhause und das einzige Bundesland, das zugleich auch Hauptstadt ist. Hier gibt es viele großartige Schätze in Natur und Architektur und jede Menge verborgene Geheimnisse. Auf Entdeckungsreise zu gehen, lohnt sich sehr.«

Elisabeth Vogel

»Mein Wien gehört mit Recht zu den liebenswertesten Städten der Welt. Und es gibt immer wieder Neues zu entdecken. Ich könnte in keiner anderen Stadt leben und habe spätestens in Ybbs Heimweh nach Wien!«

Erwin Steinhauer

BLUMENGÄRTEN HIRSCHSTETTEN

Blumenpracht im Naturjuwel

Die Blumengärten Hirschstetten sind ein wahres Pflanzenparadies. In der riesigen Gartenanlage wachsen auf einer Fläche von 60.000 Quadratmetern Blumen und andere Pflanzen in verschiedenen länderbezogenen Gärten. Von mehr als 30 Lavendelarten im Garten der Provence bis hin zu lebenden Fossilien im Urzeitgarten oder einem eigenen Irrgarten gibt es viel zu entdecken.

Tausende duftende Blumen und andere Pflanzen, seltene Tiere und eine Anlage wie mehrere Parks zusammen – diese eigene Welt eröffnet sich, wenn man das Areal im 22. Wiener Gemeindebezirk betritt. Seit den 1950er-Jahren wurden hier Pflanzen, die für die öffentlichen Auspflanzungen in der Stadt benötigt wurden, gezogen. Im Laufe der Zeit wurde die Produktion der Pflanzen mehr und mehr durch Zukauf ersetzt. Die Flächen wurden umgestaltet und im Jahr 2002 für Besucherinnen und Besucher geöffnet.

Gleich beim Eingang stößt man auf das Palmenhaus. Mit drei verschiedenen Klimazonen war es ursprünglich dazu gedacht, Lungenkranke zu heilen. Dazu kam es aber nicht. Gemeinsam mit den Tiergehegen in der Anlage ist das Palmenhaus neben Schönbrunn und dem Haus des Meeres der dritte Zoo in Wien. Im Mittelteil herrscht tropisch-feuchtwarmes Klima bei bis zu 22 Grad. Perfekt unter anderem für Nilflughunde, Straußwachteln und Kornnattern sowie Kakaobäume und Vanillepflanzen.

Eine Reise in eine andere Zeit

Neben dem Palmenhaus taucht man in das sogenannte Florarium ein, mit mehreren Schaugärten und Bereichen, in denen seltene Tiere leben – etwa Wildkatzen (in einem eigenen Gehege), Ziegen oder Schildkröten. Besonders interessant ist der Urzeit-Garten. Erbaut im Jahr 2010, sind die in ihm beheimateten Pflanzen deutlich älter. Wenn man ihn betritt, beginnt eine Zeitreise zirka 400 Millionen Jahre zurück in die Vergangenheit. Viele Pflanzen gab es schon vor den Dinosauriern. Einige galten schon als ausgestorben, wie die Wollemie – ein Urzeitbaum. 1994 hat man diesen Baum in einer Schlucht in Australien entdeckt – eine Sensation. Davor war diese Pflanzenart nur von viele Millionen Jahre alten Fossilien bekannt und galt daher als ausgestorben. Doch versteckt in schwer zugänglichen Canyons der Blue Mountains konnte sich die Wollemie in der geschützten Umgebung als lebendes Fossil in die Gegenwart retten.

Bonjour à Vienne

Schräg gegenüber kommt man aus der Urzeit in die französische Provence. Im Garten der Provence umhüllt einen sofort der Duft von Lavendel. »Lavendel ist die Seele der Provence«, formulierte einst der südfranzösische Schriftsteller Jean Giono. Neben den Lavendelfeldern sind auch Zitronen, Granatäpfel, Mandeln, Zistrosen und Ginster zu finden – typisch für die Provence. Durch den Koniferengarten geht es weiter zum Rosengarten. Schon die alten Römer kultivierten die Königin der Blumen. Aber erst in den vergangenen 200 Jahren trat die Rose ihren Siegeszug durch die Gärten an. Von Kletterrosen über Zwergrosen bis hin zu Strauchrosen verströmen hier hunderte Rosen ihren Duft. Gleich anschließend ist der perfekte Ort, um »Ja« zu sagen: der Hochzeitsgarten inklusive Hochzeitspavillon.

Gleich dahinter kann man sich im wahrsten Sinne des Wortes verirren. Der Irrgarten bietet mit Kreuzungen, Sackgassen und Wegschleifen ein echtes »In-die-Irre-Gehen«. Die Gesamtlänge aller Wege beträgt fast einen Kilometer. Für diesen Garten wurden 3.000 Feldahorne gepflanzt. Hat man den Weg ins Zentrum gefunden, wird man mit einer Aussichtsplattform belohnt, die einen Überblick über das Areal bietet. Die ersten derartigen begehbaren Irrgärten wurden übrigens in der Spätrenaissance gebaut.

Hier versammelt sich der Blütenreichtum der Stadt.

In der Donaustadt gelegen, ist der dritte Tiergarten der Stadt auch für viele Wiener ein Geheimtipp.

Durch die Möglichkeit der eigenen Entscheidung, welchen Weg man wählt, zeigt sich darin auch der geistige Wandel vom gottgewollten unabänderlichen Schicksal hin zur selbstverantwortlichen Entscheidung.

¡Viva México!

Zum Schluss machen wir noch einen Blick in den Mexikanischen Garten, der auch einige Geheimnisse birgt. Er wurde der Freundschaft zwischen Österreich und Mexiko gewidmet. Vor 83 Jahren protestierte Mexiko als einziges Land beim Völkerbund gegen den Einmarsch der Hitlertruppen in Österreich. Kurz darauf wurde Mexiko für hunderte Wiener Familien zum Zufluchtsort. Die Mexikaner glauben, dass die Toten helle Farben, wie Gelb, erkennen können. Deshalb pflanzen sie in ihren Gärten helle Blumen zur Freude der Toten – und helle Pflanzen dominieren auch in diesem Garten. Mehr als 150 Ziesel leben ebenfalls in den Blumengärten Hirschstetten. Wer hier in die Geheimnisse von Blumen und Pflanzen eintaucht, sieht immer wieder Ziesel, die über Wege und Wiesen laufen. Und auch sie hätten wohl so manch interessante Geschichte zu erzählen.

So finden Sie zum Schatz

Kontakt: Die Blumengärten Hirschstetten befinden sich im 22. Bezirk.
Anreise: Südeingang Quadenstraße 15, erreichbar via Bus 22A, 95A oder 95B bis Station Blumengärten Hirschstetten. Nordeingang Oberfeldgasse gegenüber Nr. 41 (nur von März bis Oktober geöffnet), erreichbar via Straßenbahnlinie 26 bis Station Spargelfeldstraße. Westeingang: Spargelfeldstraße gegenüber Nr. 75. www.wien.gv.at/umwelt/parks/blumengaerten-hirschstetten

KARLSKIRCHE

Barockjuwel mit atemberaubendem Inhalt

Die Karlskirche im vierten Wiener Gemeindebezirk ist ein architektonisches Wunderwerk und gilt als eine der wichtigsten Kirchen des barocken Baustils in Mittel- und Nordeuropa. Ihre Kuppel ist weithin sichtbar. Das Innere bietet eine Schatzkammer an wertvollen Details. Eine Besonderheit ist der Panoramalift in der Kirche. Er befördert die Besucherinnen und Besucher auf eine Plattform in mehr als 30 Meter Höhe.

1713 wütete die Pest in Wien und raffte mehr als 8.000 Menschen hinweg. Da versprach Kaiser Karl VI., eine Kirche zu bauen, wenn die Pest in Wien besiegt ist – gewidmet seinem Namenspatron, dem heiligen Karl Borromäus. Die Aufschrift an der Kirchenfront erinnert daran. »Vota mea reddam in conspectu timentium deum« ist dort zu lesen. Das heißt übersetzt: »Ich will mein Gelübde erfüllen angesichts derer, die Gott fürchten.« Im Giebeldreieck des Kirchenportals sieht man einen Engel, der strafend ein Schwert über Wien hält. 1714 war die Seuche überwunden, 1716 konnte mit dem Bau der Kirche begonnen werden.

Mit Blick zum Kaiser

Als Bauplatz wurde ein Weinberg am Ufer des Wienflusses ausgesucht – auf halbem Weg zwischen Hofburg und der kaiserlichen Sommerresidenz Favorita, dem heutigen Theresianum. Ursprünglich konnte man von dort aus die Hofburg sehen. Die Bauausführung lag beim barocken Stararchitekten Johann Fischer von Erlach. Fertiggestellt wurde die Kirche schließlich von seinem Sohn Joseph Emanuel, der die Pläne seines Vaters in manchen Punkten abänderte. Alle österreichischen Erblande und auch die anderen Herrschaftsgebiete der Habsburger, Sardinien, Mailand, Neapel und

Die Karlskirche ist für sich
eine Besonderheit und stellt
einen Gegenpol zur nahen
Technischen Universität und
zum Musikverein dar.

Immer wieder lassen sich neue Details an diesem besonderen Platz im Herzen Wiens ausmachen.

die Länder der ungarischen Krone mussten Baumaterial und Geld dafür senden. Nach mehr als zwanzig Jahren Bauzeit konnte die Karlskirche am 28. Oktober 1737 schließlich eröffnet werden.

Die Kirche vereinigt eine »Weltgeschichte der Architektur« in sich – mit Stilelementen verschiedenster Epochen und Kulturen. Der Portikus ist ein griechisch-römischer Tempel. Die Durchfahrten der beiden Glockentürme haben die Form römischer Triumphtore, während die Pagodendächer darauf asiatisch anmuten. Und schließlich die berühmte und weithin sichtbare barocke Kuppel mit einer Höhe von 72 Metern. In den großen Säulen vereinigen sich viele Bedeutungen. In den Reliefs wird die Geschichte des heiligen Karl Borromäus erzählt.

Wer in die Kirche hineingeht, spürt sofort, dass er eine Art geheimnisvolle Grenze überschreitet. Im Inneren eröffnet sich einer der großartigsten religiösen Räume der Welt, mit Marmor, Gold und farbenfrohen Fresken. Das Gewölbe der Kuppel öffnet sich wie ein Tor zum Himmel, das einen nach oben zieht. Dieses »Hinauf zum Himmel« ist in der gesamten Kirche spürbar und kommt im Hochaltar besonders zur Geltung – in der Apotheose des heiligen Karl Borromäus, also seiner Vergöttlichung. Aus dem Wolkenkranz bricht das Licht Gottes hervor, so die Deutung.

Die Bilder der sechs Kapellen der Kirche, die in komplexen Beziehungen zueinander stehen, wurden von einigen der berühmtesten Maler ihrer Zeit geschaffen – wie Martino Altomonte und Giovanni A. Pellegrini. Während draußen an der Kirche Tod, Krankheit und Verzweiflung dargestellt sind, ist in den Kapellen drinnen dreimal Jesus zu sehen, wie er Kranke heilt und Tote zum Leben erweckt. Jesus trägt in allen Darstellungen ein rotes Untergewand und einen blauen Umhang. Die Farben Rot und Blau waren die teuersten Farben der damaligen Zeit.

Das Kuppelfresko stammt von Johann Michael Rottmayr, der 1725, zu Beginn der Arbeit, bereits älter als 70 Jahre war. Er arbeitete fünf Jahre daran, bis zu seinem Tod. Das Fresko greift das Thema der Kirche erneut auf. Gott erhört die Bitte des heiligen Karl Borromäus um das Ende der

So finden Sie zum Schatz

Kontakt: Die Karlskirche befindet sich am Karlsplatz im 4. Bezirk. Erreichbar via U1 und U4, via Straßenbahnlinien 62, 71 und Badner Bahn und via Buslinien 4A und 59A, jeweils Station Karlsplatz.
https://www.erzdioezese-wien.at/karlskirche

Pest. Der Verein der Freunde und Gönner der Wiener Karlskirche begann im Jahr 2000 mit der Renovierung dieses Kuppelfreskos und des gesamten Innenraums der Kirche. Zu diesem Zweck wurde eine Plattform errichtet, die immer noch zugänglich ist und zu der ein Panoramalift führt, der nichts für Nicht-Schwindelfreie ist. Wer in 32,5 Meter Höhe angelangt ist, wird mit einem Blick aus nächster Nähe auf die Fresken belohnt und mit einem Blick über die Stadt – bis hin zu einem anderen großen Wiener Wahrzeichen, dem Stephansdom. Sich dem Himmel nah fühlen, in die unterschiedlichsten Epochen der Geschichte eintauchen und, umhüllt von Gold und Marmor – das ermöglicht die Karlskirche im Herzen Wiens.

DONAUINSEL

Der 24. Bezirk Wiens

Die künstliche Insel wurde gebaut, um Überschwemmungen in angrenzenden Bereichen zu verhindern. Sie ist Teil des Wiener Hochwasserschutzes und Naherholungsgebiet. Radfahren und selbst Grillen ist auf der Insel möglich, auch seltene Vogel- und Amphibienarten haben sich angesiedelt. Und es gibt so manch verstecktes Geheimnis zu entdecken.

Wem der Trubel in der Stadt zu viel wird, der flieht auf die Donauinsel, die die Donau von der Neuen Donau trennt. Teiche, Wälder, Wiesen und Buchten laden zum Entspannen ein – ein in Europa einzigartiger innerstädtischer Freizeit- und Naherholungsraum, der zugleich Lebensraum für zahllose Tiere und Pflanzen ist. Einmal im Jahr wird die Donauinsel beim Donauinselfest zur größten Freiluftbühne Europas. Vielen Menschen weit über die Bundesland- und Landesgrenzen hinaus ist die Insel wegen dieses Fests ein Begriff. Udo Jürgens, die Kelly Family oder Falco – diese und noch viele andere Stars sind seit 1984 beim Donauinselfest aufgetreten.

Ungeplante Besiedelung

All das war eigentlich nicht geplant, als die Insel zum Schutz vor Donauhochwasser konzipiert wurde. Von 1972 bis 1988 wurde die Insel mit dem Aushubmaterial der Neuen Donau aufgeschüttet. Sie ist 21,1 Kilometer lang und bis zu 250 Meter breit. Wenn Hochwasser droht, werden die beiden Wehre am Beginn und am Ende der Neuen Donau aufgemacht. Ein Teil des Hochwassers fließt dann in das künstliche Flussbett. Damit wird verhindert, dass die Donau aus ihrem alten Flussbett tritt und angrenzende Bezirke überflutet.

Noch während der Bauarbeiten ließen sich die ersten »Insulaner« auf der Donauinsel nieder.

Hunderttausende folgten ihnen, nutzten und nutzen die Insel als Möglichkeit zum Radfahren, Inline-Skaten, Spazierengehen sowie zum Wasserskifahren, Surfen und Schwimmen. Das ist ohne Bedenken möglich, denn das Wasser der Neuen Donau hat Badequalität.

Lukullische Freuden, serviert oder selbst gemacht

Die Insel gliedert sich in drei Teile: Der Norden und Süden sind »naturnahe Bereiche«. Im Mittelteil, auf der Achse zwischen der Inneren Stadt und dem Vienna International Centre, überlegte man zunächst dichte Bebauung, entschied sich dann aber für die weitgehende Erhaltung der Auenlandschaft. Um die Donauinsel zu begrünen, wurden ca. 1,8 Millionen Bäume und Sträucher beziehungsweise etwa 170 Hektar Wald gepflanzt.

Baden und Grillen ist an vielen Stellen auf der Insel möglich, es gibt dafür zwei Grillzonen und 15 Grillplätze. In der Mitte der Insel bei der Reichsbrücke laden Lokale in der sogenannten »Sunken City« direkt am Wasser zum Verweilen ein – mit internationaler Gastronomie und schwimmenden Bars. Gegenüber am Ufer bietet das Areal »Copa Beach« Urlaubsfeeling wie am Meer.

Besonders ruhig und naturnah sind der Norden und der Süden der Donauinsel. Dort befinden sich auch versteckte Teiche, die zum Teil ehemalige Donaualtarme sind, zum Teil in den 1970er-Jahren künstlich errichtet wurden, um ökologische Nischen für Tiere und Pflanzen zu schaffen. Etwa das Tritonwasser zwischen Kaisermühlenbrücke und Praterbrücke, der mit einer Größe von zwei Hektar ist es der größte künstliche Teich auf der Donauinsel. Es wurde unter ökologischen Gesichtspunkten angelegt.

Noch weiter südlich findet man, wenn man gut sucht, inmitten von viel Grün und abseits des Weges, einen Steinkreis, der nicht so alt ist, wie er aussieht. Er wurde im Jahr 1990 errichtet und besteht genaugenommen aus mehreren Kreisen. Es handelt sich dabei um einen Astronomischen Kalender, der die Frühlings- und Herbst-Tag-und-Nacht-Gleiche sowie die Sommer- und Winter-Sonnenwende anzeigt.

Das Entlastungsgerinne bietet unzählige Möglichkeiten der Freizeitnutzung.

Noch weiter im Süden der Insel, bei der Steinspornbrücke, wurde 2013 ein 250 Meter langer Wildwasserkanal für Leistungs- und Breitensport eröffnet. Aus einem Speicherbecken werden bis zu 12 Kubikmeter Wasser pro Sekunde hochgepumpt und so Strömungen und Wellen unterschiedlichster Schwierigkeitsgrade für Wildwasserkajaks und Schwimmer erzeugt.

Mit und ohne Pullover

Auf der ganzen Insel haben sich seltene Vogel-, Amphibien- und Fischarten angesiedelt, genauso wie Rehe, Hasen und Biber. Und seit 2019 auch Schafe. Im Rahmen eines EU-Projekts im Kampf gegen den Klimawandel wurden zunächst 50 Schafe auf die Insel geholt, ganz im Norden. Die Krainer Steinschafe ersetzen seitdem auf einigen Wiesen die Rasenmäher. Später wurde die Herde sogar auf 70 Schafe aufgestockt und mäht zwischen Anfang Mai und Mitte November etwa 14 Hektar Wiese. Das entspricht einer Fläche von 20 Fußballfeldern. Im Norden der Insel und im Süden befinden sich auch zwei große FKK-Badebereiche.

Vielfalt, und das in jeder Hinsicht, ist wohl das Motto für die Donauinsel, das am treffendsten scheint. Mitten in der Stadt die Stadt hinter sich zu lassen, ist unbezahlbare Lebensqualität und eine Entdeckungsreise wert.

So finden Sie zum Schatz

Kontakt: Die Donauinsel ist über 15 Zugänge erreichbar. Via U1 (Station Donauinsel), U2 (Station Donaustadtbrücke), U6 (Station neue Donau), S-Bahn (Station Wien Handelskai) an der Nordbahnbrücke, mit der Straßenbahnlinie 31 über die Floridsdorfer Brücke und mit Autobuslinien. https://www.wien.gv.at/umwelt/gewaesser/donauinsel

STRUTZ-MÜHLE

Kostbares Kleinod mit mehr als 150 Jahren Geschichte

Im Tal der Weißen Sulm an der Einmündung des Schwarzbaches klappert eine einzigartige Mühle. Teils aus originalen Teilen gebaut und restauriert, ist die romantische Schaumühle ein besonders liebevoll gestalteter Platz, um das (Mühl-)Rad der Zeit zurückzudrehen.

Die Strutz-Mühle wurde am 26. Oktober 2020 zum schönsten Platz Österreichs gekürt.

An den Ausläufern der Koralpe, in Wielfresen bei Wies, liegt ein wahres Juwel. »Die Strutz-Mühle ist mein Lebenswerk«, erzählt uns Peter Fürbass. Sieben Jahre lang hat der Gastwirt und gelernte Zimmermann die zweigängige Schaumühle gebaut. Aufwendig hat er originale Mühlenteile und alte Gebäude abgetragen, restauriert und »seine« Mühle errichtet, die für Besucherinnen und Besucher täglich geöffnet ist. Als »Müller« führt Peter Fürbass persönlich durch sein Werk und zeigt, wie bis vor rund 60 Jahren Getreide vermahlen wurde. Das Mühlrad wird vom Schwarzbach gespeist, der gleich danach in die Weiße Sulm mündet. Mehr als 29 Kilometer schlängelt sie sich durch die Weststeiermark. Bald nach dem Ursprung, etwa zehn Kilometer von der Strutz-Mühle entfernt, tost ein 150 Meter langer Wasserfall über Felstreppen hinab – ein sehenswertes Naturschauspiel! Wer die Strutz-Mühle besucht, der sollte sich gut Zeit nehmen, denn das Gebiet hat viel zu bieten. Eingebettet in einen Buchen-Fichten-Wald, findet sich in der Nähe auch das einzige Eklogit-Gestein der Steiermark: eine spektakuläre und gewaltige Felsformation. Und nicht zu vergessen: Die romantische Strutz-Mühle liegt im Süden des steirischen Schilcherlands, einer Region, die nicht nur für ihren Wein, sondern vor allem auch für ihre wunderbare Landschaft, Kultur und Kulinarik bekannt ist.

Kontakt: Alpengasthof Strutz/Strutz-Mühle, Peter Fürbass
Wielfresen 26a, 8551 Wielfresen, Tel. 03468 304
www.alpengasthof-strutz.at

SCHLOSSPARK EISENSTADT

Lebendige Gartenkunst für Kenner und Entspannungssucher

Hinter dem Schloss Esterházy erstreckt sich ein Schatz der europäischen Gartenkunst. Der Schlosspark in Eisenstadt birgt nicht nur botanische Raritäten, auch architektonische Besonderheiten machen die Parkanlage einzigartig.

Der frühbarocke Schlosspark wurde im ausgehenden 17. Jahrhundert unter Fürst Paul II. Anton Esterházy de Galantha angelegt und hat sich im Lauf der Jahrhunderte stetig verändert. Bereits seit Februar 1925 stehen Park und Schloss unter Denkmalschutz. Die bedeutende Gartenanlage wurde durch die engagierte Arbeit des Vereins »Freunde des Eisenstädter Schlossparks« Ende der 1980er-Jahre aus dem Dornröschenschlaf wachgeküsst. Der Park ist mit einem ausgeklügelten Wassersystem ausgestattet, zudem wurden alte Teiche wieder instandgesetzt.

Große Teile der weitläufigen Parkanlage sind naturbelassene Wiesen- und Waldflächen. Auf dem fast 50 Hektar großen Areal sind viele romantische Plätzchen zu finden, aber auch Imposantes beeindruckt beim Lustwandeln: der Leopoldinentempel, ein Obelisk oder die Orangerie. Botaniker erfreuen sich etwa an Tulpenbäumen, japanischen Schnurbäumen, griechischen Tannen und Schwarzkiefern.

Der Park ist das ganze Jahr über ein wunderbares Areal zum Erholen und eine einzigartige Kulisse für Feste. Wer tiefer in seine Geschichte eintauchen möchte, findet gut ausgeschilderte Wege und Informationstafeln. Oder er nimmt an einer der verschiedenen Führungen teil.

Kontakt: Tourismusverband Eisenstadt Leithaland
Hauptstraße 21, 7000 Eisenstadt, Tel. 02682 67390, www.eisenstadt-leithaland.at
www.schlossparkfreunde-eisenstadt.at

Esterhazy Betriebe
Esterhazyplatz 5, 7000 Eisenstadt, Tel. 02682 63004, www.esterhazy.at

KRAFTORT HEMMABERG

Ein Gipfelplateau mit besonderen Wirkungen

Am Südrand des Jauntales vereinen sich interessante historische und religiöse Facetten mit der Schönheit der Natur zu einem wunderbar gelegenen Kraftplatz: dem Hemmaberg.

Von Weitem gut zu sehen, steht auf dem Plateau des Hemmabergs die Kirche St. Hemma und St. Dorothea. Seit dem Mittelalter ist das Gotteshaus Ziel von Wallfahrten. Ursprünglich wurde an dieser Stelle ein keltisches Heiligtum verehrt, in spätantiker Zeit stand dort eine Höhensiedlung. Diese wurde im Zuge der slawischen Landnahme zerstört. Im Jahr 1992 machten Forscher einen sensationellen archäologischen Fund auf dem Hemmaberg, als sie die in einer Marmorkiste ruhenden Gebeine einer Frau entdeckten. Knochenproben ergaben, dass diese auf dem Hemmaberg verehrte Frau im 1. oder 2. Jahrhundert gestorben war. Sie ist damit die älteste Heilige Österreichs.

Etwas unterhalb der Kirche entspringt eine Quelle, die der antiken Siedlung zur Wasserversorgung diente. Sie ist frei zugänglich und es werden ihr Heilkräfte zugeschrieben. Im Jahr 1669 wurde in der Grotte die Statue der Pestheiligen Rosalia aufgestellt. Als um das Jahr 1680 die Pest in Kärnten wütete, versprachen die umliegende Gemeinden, in der Grotte eine Kapelle zu errichten, sollten sie verschont bleiben. Diese Kapelle wurde 1681 eingeweiht. Ein weiterer aufsehenerregender Fund am Hemmaberg erfreute die archäologische Welt 2013. Bei Ausgrabungen kamen die Überreste eines Mannes zutage, der vor 1.500 Jahren eine hölzerne Fußprothese getragen hatte. In Europa gilt diese als die bisher älteste Prothese.

Kontakt: Gemeinde Globasnitz
Globasnitz 111, 9142 Globasnitz, Tel. 04230 310, www.globasnitz.at

NATURPARK HOHE WAND

Einzigartiges Bergleben in den Gutensteiner Alpen

Wie eine Insel aus Kalkstein ragt das Plateau in etwa 1.000 Meter Höhe am Rande des Wiener Beckens empor. Als einer von 23 niederösterreichischen Naturparks steht die Hohe Wand unter besonderem Schutz. In ihren Kiefernwäldern, Steilhängen und Höhlen fühlen sich seltene Tiere, Pflanzen und auch Menschen wohl.

Auf der etwa 2.000 Hektar großen Fläche findet man eine erstaunliche Artenvielfalt. Die Schwarzföhre besiedelt spektakuläre Standorte, Knabenkraut, rotes Waldvögelein, Akelei und Türkenbundlilie sorgen für prächtige Blütenvielfalt. Die vielen Höhlen bieten Fledermäusen einen ungestörten Lebensraum. Alpensteinböcke klettern über die steilsten Wände. Auch eine vielfältige Vogelschar – von der Singdrossel über Uhu, Specht und Kolkraben bis hin zum Eichelhäher – hat sich auf der Hohen Wand angesiedelt. So einzigartig wie das Leben im Naturpark ist auch die Art, ihn zu erkunden. Kleine Entdecker schlüpfen in den Murmeltierbau oder wagen sich auf die Drachenfliegerseilbahn. Im Streichelzoo gibt es Kuscheleinheiten für Hängebauchschwein und Esel. Familien erwandern das Gelände Seite an Seite mit Lamas und Alpakas. Mit Klettergurt und Mut ausgestattet, lässt sich die Hohe Wand über Kletterrouten in jedem Schwierigkeitsgrad erobern. Wanderer führt der Felsenpfad entlang der schroffen Felswände. Auf rund 1.000 Kletter- und Wanderrouten ergeben sich immer wieder neue Eindrücke und spektakuläre Ausblicke. Das Herzstück des Naturparks Hohe Wand ist der Skywalk. Auf der 120 Meter über dem Boden hängenden Aussichtsplattform bietet sich ein sensationeller Ausblick bis zum Neusiedlersee, und von einem 18 Meter hohen Aussichtsturm auf der anderen Seite sieht man bei Schönwetter bis zum Schneeberg und zum Ötscher.

Kontakt: Naturpark Hohe Wand
Kleine Kanzelstraße 241, 2724 Hohe Wand, Tel. 02638 88545, www.naturpark-hohewand.at

KELLERGRÖPPE IN RAAB

Ein kühlender Ort der Ruhe für Pflanzen, Menschen und ihr Bier

In der romantischen Gasse am Ortsrand von Raab im Innviertel schlendert man an 26 Kellern vorbei. Die Kellergröppen haben neben ihrer historischen Bedeutung etwas Verwunschenes an sich, das einen gerne wiederkommen lässt.

Der Ursprung der bis zu 70 Meter langen Keller geht auf mittelalterliche Erdställe zurück, die der Bevölkerung vor allem Schutz bieten sollten. Die Kellergasse – im Schärdinger Volksmund heißt sie Kellergröppe, wobei Gröppe die Bezeichnung für einen befahrbaren Graben ist – ist eine einmalige Anlage, die im Jahre 1996 unter Denkmalschutz gestellt wurde. Sie lässt sich bis ins Jahr 1620 zurückverfolgen. Die Sandkeller gehörten zu den Brauereien und dienten der Bierlagerung. Die konstante Temperatur von acht Grad war dafür ideal.

Heute werden die großen Keller vorwiegend von Baumschulen genutzt, vor allem zum Lagern und Überwintern von Pflanzen und Setzlingen. Die kleineren Keller verwenden private Haushalte zum Einlagern von Gemüse, Obst und Most. Und wenn im Hochsommer in der Kellergröppe gefeiert wird, bieten sie willkommene Erfrischung.

Zwei der 26 Sandkeller sind als Museum eingerichtet. Der »Schatzlkeller« widmet sich dem Biertransport und der »Eiskeller« der Ernte und Lagerung von Natureis, was bis vor etwa 100 Jahren üblich war. Historiker vermuten, dass schon in der Römerzeit ein Fahrweg durch die Gröppe führte. Fest steht: Wer die Kellergröppe in Raab und ihre Sandkeller besucht, findet Ruhe und an heißen Sommertagen eine herrliche Abkühlung.

Kontakt: Gemeindeamt Raab
Marktstraße 7, 4760 Raab, Tel. 07762 2255, www.raab.ooe.gv.at

SULZBACHTÄLER

Wo sich die Gletscher zurückziehen und die Wildnis blüht

Die Sulzbachtäler liegen inmitten des Nationalparks Hohe Tauern und gehören zu Neukirchen am Großvenediger im Salzburger Pinzgau. Sie decken eine Fläche von fast 12.000 Hektar ab, sind also eigentlich ein Nationalpark für sich. Der Talschluss zählt zu den imposantesten Gebirgslandschaften der Hohen Tauern.

Wo Eisbrüche den Zustieg zu den Dreitausendern erschwerten, sind durch den Rückgang der Gletscher der Foißkarsee, der Seebachsee und der Sulzsee entstanden. Von hier gelangt man auf den höchsten Berg Salzburgs, den Großvenediger. Schon Erzherzog Johann wollte hinauf, scheiterte aber an der Erstbesteigung der »Weltalten Majestät«. Sie gelang erst im September 1841.

Ganze 25 Gipfel in den Sulzbachtälern sind mehr als 3.000 Meter hoch, rund 20 Quadratkilometer davon sind Gletscherfläche. Die Gletscher sind es auch, die diese Täler geformt haben. Seit der Mitte des 19. Jahrhunderts ziehen sie sich zurück. Mit diesem Rückzug breitet sich die Wildnis aus. Bäche sprudeln unbeeinflusst, die Vegetation zeigt keine Spuren menschlicher Nutzung. Eine riesige Artenvielfalt wartet auf die Wanderer. Derartige Bedingungen sind in den Alpen kaum noch zu finden. Deshalb treffen sich hier Geologen, Mineralogen, Glaziologen, Ökologen, Zoologen, Hydrologen, Entomologen und Limnologen, um zu forschen und zu dokumentieren. Die Wildnis bedeutet auch, allein zu sein mit der Welt, wie sie vor Tausenden von Jahren war: unberührt, schroff und ruhig – einfach schön.

Kontakt: Tourismusverband Neukirchen am Großvenediger
Marktstraße 171, 5741 Neukirchen am Großvenediger, Tel. 06565 6256
www.wildkogel-arena.at

Nationalparkzentrum Hohe Tauern Salzburg
Gerlosstraße 18, 5730 Mittersill, Tel. 06562 40849-33
www.hohetauern.at

KELCHSAU

Der urtümliche Charme eines versteckten Tals

Im Herzen Tirols in den Kitzbüheler Alpen gelegen, erstreckt sich die »Köxsa« rund 20 Kilometer über den sogenannten Kurzen Grund und den Langen Grund. Für Wanderer und Mountainbiker ist sie mit ihren vielen Almen, Bergseen und kühlen Wäldern ein kleines Paradies.

Eine imposante Bergwelt umgibt die malerische Kelchsau mit dem gleichnamigen kleinen Ort. Die teilweise historischen, gut restaurierten Bauernhöfe und Bauernhäuser strahlen einen urtümlichen Charme aus. Im Ortszentrum fühlt man sich deshalb gleich ein bisschen zurückversetzt in die Vergangenheit. Generationen von Bauern haben in diesem Tal seit dem 12. Jahrhundert eine einzigartige Kulturlandschaft geschaffen. Ihre harte Arbeit auf den steilen Wiesen hat nur für den Besucher etwas Romantisches. Oft wird noch mit der Hand gemäht. Den Sommer verbringt das Vieh auf der Alm. Ein Höhepunkt des Jahres ist der Almabtrieb. Für Gäste wie Einheimische ist es ein eindrucksvolles Erlebnis, wenn das geschmückte Vieh nach vier Monaten auf dem Berg wieder ins Tal wandert.

Bergtouren kann man in der Kelchsau viele machen. Als eine der schönsten Unternehmungen gilt die familienfreundliche Wanderung auf den 2.447 Meter hohen Schafsiedel. Diese Tour führt an drei bezaubernden Bergseen vorbei, dem Unteren, dem Mittleren und dem Oberen Wildalmsee. Wegen der Möglichkeiten zur Erfrischung ist diese Wanderung auf den Hausberg der Neuen Bamberger Hütte auch an heißen Sommertagen sehr zu empfehlen.

Kontakt: Infobüro Kelchsau
Unterdorf 61, 6361 Kelchsau
Tel. 057507 7100
www.kitzbueheler-alpen.com

SEEWALDSEE

Ein dunkler Edelstein für besondere Badeerlebnisse

Idyllisch zwischen Wiesen und Wäldern liegt der kleine Bergsee oberhalb von Fontanella im Großen Walsertal. Auf 1.200 Meter Seehöhe wunderschön in die Natur eingebettet, gilt er als Europas höchstgelegener Badesee.

An heißen Sommertagen kann der Seewaldsee bis zu 24 Grad haben. Diese erstaunlich angenehme Temperatur erreicht er durch seine geschützte Lage in einem Talkessel. Zudem hat er kaum überirdische Zuflüsse. Entstanden ist der See vor etwa 10.000 Jahren, als sich die Gletscher aus den Tälern zurückzogen. Dass sein Pegel konstant bleibt, dafür sorgt eine Bodenquelle. Dieser herrliche Badeplatz ist mit dem Auto nicht zu erreichen. Zu Fuß ist man auf der schnellsten Route etwa eine halbe Stunde unterwegs. Um die Anreise ein wenig bequemer zu machen, fährt seit einigen Jahren ein kleiner Bummelzug in Richtung See.

Bevor in den 1960er-Jahren der Tourismus im Großen Walsertal einzog, war der Seewaldsee vor allem ein Wanderziel für Menschen aus der Umgebung. Er befindet sich schon seit dem 19. Jahrhundert im Privatbesitz zweier Familien, doch Gäste sind herzlich willkommen und werden gerne bewirtet. Es gibt ein Gasthaus und auch eine gemütliche Jausenstation. Ebenso ist es möglich, im rund 14 Meter tiefen See zu fischen. Seit knapp 20 Jahren wird am Seewaldsee ein Triathlon veranstaltet, das »Obergrechter Isamännli«. Die Teilnehmerinnen und Teilnehmer schwimmen eine Runde im See, anschließend geht's im Lauftempo nach Fontanella und mit dem Fahrrad weiter auf den Faschinapass.

Kontakt: Gasthaus Seewaldsee
6733 Fontanella, Tel. 05554 5220
www.seewaldsee.at, www.fontanella.at

ZENTRALFRIEDHOF

Wo Ruhm und Ruhe von unberührter Natur umgeben sind

Diese letzte Ruhestätte vieler Menschen aller Konfessionen ist mit einer Fläche von fast 2,5 Quadratkilometern die zweitgrößte Friedhofsanlage Europas. In ihrer Parklandschaft finden sich auch versteckte Plätze mit interessanten Geschichten und unberührter Natur.

In den Jahrzehnten nach seiner Eröffnung 1874 war der Friedhof wegen der großen Entfernung zur Stadt nicht beliebt. Mit der Errichtung der Ehrengräberanlage hat sich das geändert. Viele berühmte Persönlichkeiten fanden hier ihre letzte Ruhestätte. Fast tausend Ehren- und ehrenhalber gewidmete Gräber wurden bisher angelegt – darunter viele für Schauspieler und Komponisten von Johann Strauß bis zu Udo Jürgens. Auf den Spuren ihrer letzten Ruhestätten zu wandeln, ist ein eigener Spaziergang. Sogar zwei Laufstrecken sind auf dem Friedhofsgelände ausgeschildert. Wege, den Zentralfriedhof zu erkunden, gibt es viele. Vor allem die nicht so bekannten Bereiche sind reizvoll. Rund 17.000 Bäume wachsen auf dem Friedhof, einige davon im »Park der Ruhe und Kraft« bei Tor 3. Wenn man den verborgenen Eingang entdeckt hat, geht es durch einen Torbogen hinein. Ein Weg aus Bodenplatten führt an den einzelnen Stationen vorbei, die es ermöglichen sollen, mit der Natur in Kontakt zu treten. Am anderen Ende des Friedhofs, bei Tor 9, kann man im »Naturgarten« in fast unberührte Natur eintauchen. Mit Glück entdeckt man sogar Rehe.

Leben und Tod liegen am Zentralfriedhof eng beieinander. Es lohnt sich zweifellos, den dort verborgenen Geschichten auf die Spur zu kommen.

Kontakt: Der Zentralfriedhof liegt im 11. Wiener Gemeindebezirk. Der Haupteingang, Tor 2, hat die Adresse Simmeringer Hauptstraße 234. www.friedhoefewien.at

FOTOMOTIVE, BILD- UND TEXTNACHWEIS

UMSCHLAG   *vorne:* **Strutz-Mühle** ORF/Regine Schöttl *hinten:* **Schlosspark Eisenstadt** Burgenland Tourismus/
Birgit Machtinger // **Hemmaberg** Tourismusregion Klopeiner See-Südkärnten/Riepl // **Hohe Wand** Naturpark
Hohe Wand // **Kellergröppe** Roland Pelzl/Cityfoto // **Sulzbachtäler** Wildkogel-Arena Neukirchen & Bramberg
Strutz-Mühle ORF/Regine Schöttl // **Kelchsau** Ursula Aichner/fotowerk // **Seewaldsee** Hanno Thurnher //
Zentralfriedhof Josef Bollwein/www.flashface.com

TEILER   Vorwort S. 6: ORF/Regine Schöttl // Vorwort S. 9: Moritz Ablinger // Teilnehmer 2021 S. 10: Burgenland
Tourismus-GmbH/Birgit Machtinger // Sieger 2020 S. 174: Christian Majcen

BURGENLAND   **Text** ORF/Inge Maria Limbach **Teiler** S. 12: Burgenland Tourismus/Birgit Machtinger // **Porträts**
S. 14: Hans Leitner, Christoph Tlapak // **Schloss Halbturn** S. 17: medialand/Michael Ritter (2×), Ivana & Peter
Miller; S. 18: fotogarage.at // **Willersdorfer Schlucht** S. 21–24: diefuerstin (5×) // **Rosarium Bad Sauerbrunn**
S. 27: Verein Rosarium, Christa Strobl, Gemeinde Bad Sauerbrunn; S. 28: Verein Rosarium // **Schlosspark
Eisenstadt** S. 179: Brigitte Krizsanits

KÄRNTEN   **Text** ORF/Bernd Radler Bakk. **Teiler** S. 30: Stabentheiner/wandbild-kaernten.at // **Porträts**
S. 32: ORF/Robert Schumann, Christoph Hatheuer/Adlmann Promotion GmbH // **Kleinode am Wörthersee**
S. 35: Wörthersee Tourismus/Tine Steinthaler, Peter Pegam, Wörthersee Tourismus/Gert Steinthaler;
S. 36: Wörthersee Tourismus/Gert Steinthaler // **Blumenberg Mussen** S. 39–42: ORF/Bernd Radler (4×),
Andreas Lutche // **Flößer an der Drau** S. 45: Kultur Erlebnis Draufloss KG; S. 46: TV Lavamünd (3×) // **Hemmaberg**
S. 180: Österreichische Akademie der Wissenschaften

NIEDERÖSTERREICH   **Text** ORF/Magdalena Winkler MA, Annika Löschnak **Teiler** S. 48: Niederösterreich-
Werbung/Robert Herbst/pov.at // **Porträts** S. 50: ORF/Thomas Ramstorfer (2×) // **Schmiedemeile in Ybbsitz**
S. 53–54: Theo Kust/www.imagefoto.at (3×), Vasyl Gudyma // **Sitzendorfer Kellergasse** S. 57–58: Johannes
Zinser (3×), Günter Stockinger; S. 60: Verein zur Förderung der Sitzendorfer Kellergasse in Hollabrunn //
Helenental S. 63–64: psb/cedrick.kollerics (4×) // **Hohe Wand** S. 183: Naturpark Hohe Wand

OBERÖSTERREICH   Text ORF/Mag. Jutta Mocuba Teiler S. 66: Andreas Muehlleitner // Porträts S. 68: Richard Haidinger, Archiv G. Kaltenbrunner // Grünberg mit Laudachsee S. 71: katdaned_Flickr_CCBY2.0, Umberto Salvagnin_Flickr_CCBY2.0, TVB Traunsee-Almtal/Monika Löff; S. 72: TVB Traunsee-Almtal/Monika Löff // Gimbach im Weißenbachtal S. 75: Roland Pelzl/Cityfoto; S. 76: Wolfgang Simlinger, Roland Pelzl/Cityfoto, Johann Hans Buchinger S. 78: Roland Pelzl/Cityfoto // Kößlbachtal S. 81: Roland Pelzl/Cityfoto; S. 82: Josef Pfeil (2×), Naturmuseum Salzkammergut/Alexander Gratzer // Kellergröppe S. 184: Roland Pelzl/Cityfoto

SALZBURG   Text ORF/Mag. Viola Wörter Teiler S. 84: Salzburger Saalachtal Tourismus/Simone Vitzthum // Porträts S. 86: ORF/wildbild, Sasa Felsbach // Eisriesenwelt S. 89–90: Eisriesenwelt GesmbH (4×) // Krimmler Wasserfälle S. 93: Alpenverein Krimml; S. 94: Sepp Nußbaumer (2×); S. 96: Alpenverein Krimml // Naturpark Weißbach S. 99–100: Naturpark Weißbach (4×) // Sulzbachtäler S. 187: Wildkogel-Arena Neukirchen & Bramberg

STEIERMARK   Text ORF/Sandra Suppan BA MA Teiler S. 102: ORF/Regine Schöttl // Porträts S. 104: ORF/Regine Schöttl (2×) // Handwerkerdörfl S. 107–108: ORF/Regine Schöttl (4×) // Steirersee S. 111–114: ORF/Regine Schöttl (5×) // Grasslhöhle S. 117–118: ORF/Regine Schöttl (4×) // Strutz-Mühle S. 176: ORF/Regine Schöttl

TIROL   Text ORF/Katharina Kramer Teiler S. 120: TVB Tannheimer Tal/Achim Meurer // Porträts S. 122: ORF, www.fotowerk.at // Rattenberg S. 125–126: Ursula Aichner/fotowerk (4×) // Rosengartenschlucht S. 129–132: Ursula Aichner/fotowerk (5×) // Gschnitztal S. 135–136: Ursula Aichner/fotowerk (4×) // Kelchsau S. 188: Ursula Aichner/fotowerk

VORARLBERG   Text ORF/Mag. Kerstin Polzer Teiler S. 138: Hanno Thurnher // Porträts S. 140: Markus Gmeiner/www.markusgmeiner.com, Harald Schossmann // Ebnit S. 143–146: Hanno Thurnher (3×), opus-events/ebniterleben.at // Sankt Arbogast S. 147–150: Hanno Thurnher (5×) // Wiegensee S. 153–154: Hanno Thurnher (4×) // Seewaldsee S. 191: Hanno Thurnher

WIEN   Text ORF/MMag. Dr. Elisabeth Vogel Teiler S. 156: Josef Bollwein/www.flashface.com // Porträts S. 158: Nancy Horowitz, ORF/Thomas Ramstorfer // Blumengärten Hirschstetten S. 161: Josef Bollwein/www.flashface.com, Wiener Stadtgärten/Schaub-Walzer (2×); S. 162: Wiener Stadtgärten/Schaub-Walzer// Karlskirche S. 165–168: Josef Bollwein/www.flashface.com (5×) // Donauinsel S. 171–172: Josef Bollwein/www.flashface.com (2×), Wiener Wildnis/Popp-Hackner (2×) // Zentralfriedhof S. 192: Josef Bollwein/www.flashface.com